LE RHIN

I

TYPOGRAPHIE DE CH. LAHURE
Imprimeur du Sénat et de la Cour de Cassation
rue de Vaugirard, 9

VICTOR HUGO

LE RHIN

I

COLLECTION HETZEL

PARIS

LIBRAIRIE DE L. HACHETTE ET Cie

RUE PIERRE-SARRAZIN, No 14

1858

Droit de traduction réservé

Il y a quelques années, un écrivain, celui qui trace ces lignes, voyageait sans autre but que de voir des arbres et le ciel, deux choses qu'on ne voit pas à Paris.

C'était là son objet unique, comme le reconnaîtront ceux de ces lecteurs qui voudront bien feuilleter les premières pages de ce premier volume.

Tout en allant ainsi devant lui presque au hasard, il arriva sur les bords du Rhin.

La rencontre de ce grand fleuve produisit en lui ce qu'aucun incident de son voyage ne lui avait inspiré jusqu'à ce moment; une volonté de voir et d'observer dans un but déterminé fixa la marche errante de ses idées, imprima une signification précise à son excursion d'abord capricieuse, donna un centre à ses études, en un mot, le fit passer de la rêverie à la pensée.

Le Rhin est le fleuve dont tout le monde parle et que

personne n'étudie, que tout le monde visite et que personne ne connaît, qu'on voit en passant et qu'on oublie
en courant, que tout regard effleure et qu'aucun esprit
n'approfondit. Pourtant ses ruines occupent les imaginations élevées, sa destinée occupe les intelligences sérieu-
ses; et cet admirable fleuve laisse entrevoir à l'œil du
poëte comme à l'œil du publiciste, sous la transparence
de ses flots, le passé et l'avenir de l'Europe.

L'écrivain ne put résister à la tentation d'examiner le
Rhin sous ce double aspect. La contemplation du passé
dans les monuments qui meurent, le calcul de l'avenir
dans les résultantes probables des faits vivants, plaisaient
à son instinct d'antiquaire et à son instinct de songeur. Et
puis, infailliblement, un jour, bientôt peut-être, le Rhin
sera la question flagrante du continent. Pourquoi ne pas
tourner un peu d'avance sa méditation de ce côté? Fût-on
en apparence plus assidûment livré à d'autres études, non
moins hautes, non moins fécondes, mais plus libres dans
le temps et l'espace, il faut accepter, lorsqu'elles se pré-
sentent, certaines tâches austères de la pensée. Pour peu
qu'il vive à l'une des époques décisives de la civilisation,
l'âme de ce qu'on appelle le poëte est nécessairement mêlée à tout, au naturalisme, à l'histoire, à la philosophie,
aux hommes et aux événements, et doit toujours être
prête à aborder les questions pratiques comme les autres.
Il faut qu'il sache au besoin rendre un service direct, et
mettre la main à la manœuvre. Il y a des jours où tout
habitant doit se faire soldat, où tout passager doit se faire
matelot. Dans l'illustre et grand siècle où nous sommes,
n'avoir pas reculé dès le premier jour devant la laborieuse
mission de l'écrivain, c'est s'être imposé la loi de ne re-
culer jamais. Gouverner les nations, c'est assumer une
responsabilité; parler aux esprits, c'est en assumer une
autre; et l'homme de cœur, si chétif qu'il soit, dès qu'il

s'est donné une fonction, la prend au sérieux. Recueillir
les faits, voir les choses par soi-même, apprécier les dif-
ficultés, coopérer, s'il le peut, aux solutions, c'est la condition même de sa mission, sincèrement comprise. Il ne
s'épargne pas, il tente, il essaye, il s'efforce de comprendre; et, quand il a compris, il s'efforce d'expliquer. Il sait
que la persévérance est une force. Cette force, on peut toujours l'ajouter à sa faiblesse. La goutte d'eau qui tombe du
rocher perce la montagne; pourquoi la goutte d'eau qui
tombe d'un esprit ne percerait-elle pas les grands pro-
blèmes historiques?

L'écrivain qui parle ici se donna donc en toute conscience et en tout dévouement au grave travail qui surgissait devant lui; et, après trois mois d'études, à la vérité
fort mêlées, il lui sembla que de ce voyage d'archéologue
et de curieux, au milieu de sa moisson de poésie et de
souvenirs, il rapportait peut-être une pensée immédiatement utile à son pays.

Études fort mêlées, c'est le mot exact; mais il ne l'em-
ploie pas ici pour qu'on le prenne en mauvaise part. Tout
en cherchant à sonder la question d'avenir qu'offre le
Rhin, il ne se dissimule point, et l'on s'en apercevra d'ailleurs, que la recherche du passé l'occupait, non plus profondément, mais plus habituellement. Cela se comprend
d'ailleurs. Le passé est là en ruine; l'avenir n'y est qu'en
germe. On n'a qu'à ouvrir sa fenêtre sur le Rhin, on voit
le passé; pour voir l'avenir, il faut, qu'on nous passe cette
expression, ouvrir une fenêtre en soi.

Quant à ce qui est du présent, le voyageur put dès lors
constater deux choses : la première, c'est que le Rhin est
beaucoup plus français que ne le pensent les Allemands;
la seconde, c'est que les Allemands sont beaucoup moins
hostiles à la France que ne le croient les Français.

Cette double conviction, absolument acquise et invariablement fixée en lui, devint un de ses points de départ dans l'examen de la question.

Cependant les choses diverses que, durant cette excursion, il avait senties ou observées, apprises ou devinées, cherchées ou trouvées, vues ou entrevues, il les avait déposées, chemin faisant, dans des lettres dont la formation toute naturelle et toute naïve doit être expliquée aux lecteurs. C'est chez lui une ancienne habitude qui remonte à douze années. Chaque fois qu'il quitte Paris, il y laisse un ami profond et cher, fixé à la grande ville par des devoirs de tous les instants qui lui permettent à peine la maison de campagne à quatre lieues des barrières. Cet ami, qui, depuis leur jeunesse à tous les deux, veut bien s'associer de cœur à tout ce qu'il fait, à tout ce qu'il entreprend et à tout ce qu'il rêve, réclame de longues lettres de son ami absent, et, ces lettres, l'ami absent les écrit. Ce qu'elles contiennent, on le voit d'ici : c'est l'épanchement quotidien; c'est le temps qu'il a fait aujourd'hui, la manière dont le soleil s'est couché hier, la belle soirée ou le matin pluvieux; c'est la voiture où le voyageur est monté, chaise de poste ou carriole; c'est l'enseigne de l'hôtellerie, l'aspect des villes, la forme qu'avait tel arbre du chemin, la causerie de la berline ou de l'impériale; c'est un grand tombeau visité, un grand souvenir rencontré, un grand édifice exploré, cathédrale ou église de village, car l'église de village n'est pas moins grande que la cathédrale : dans l'une et dans l'autre il y a Dieu; ce sont tous les bruits qui passent, recueillis par l'oreille et commentés par la rêverie : sonneries du clocher, carillon de l'enclume, claquement du fouet du cocher, cri entendu au seuil d'une prison, chanson de la jeune fille, juron du soldat; c'est la peinture de tous les pays coupée à chaque instant par des échappées sur *ce doux pays de fantaisie* dont parle Montaigne, et où s'attardent si volontiers les songeurs ; c'est cette foule d'aventures qui arrivent, non pas au voyageur, mais à son esprit ; en un mot, c'est tout et ce n'est rien : c'est le journal d'une pensée plus encore que d'un voyage.

Pendant que le corps se déplace, grâce au chemin de fer, à la diligence ou au bateau à vapeur, l'imagination se déplace aussi. Le caprice de la pensée franchit les mers sans navire, les fleuves sans pont et les montagnes sans route. L'esprit de tout rêveur chausse les bottes de sept lieues. Ces deux voyages mêlés l'un à l'autre, voilà ce que contiennent ces lettres.

Le voyageur a marché toute la journée, ramassant, recevant ou récoltant des idées, des chimères, des incidents, des sensations, des visions, des fables, des raisonnements, des réalités, des souvenirs. Le soir venu, il entre dans une auberge, et, pendant que le souper s'apprête, il demande une plume, de l'encre et du papier, il s'accoude à l'angle d'une table, et il écrit. Chacune de ses lettres est le sac où il vide la recette que son esprit a faite dans la journée, et dans ce sac, il n'en disconvient pas, il y a souvent plus de gros sous que de louis d'or.

De retour à Paris, il revoit son ami et ne songe plus à son journal.

Depuis douze ans, il a écrit ainsi force lettres sur la France, la Belgique, la Suisse, l'Océan et la Méditerranée, et il les a oubliées. Il avait oublié de même celles qu'il avait écrites sur le Rhin, quand, l'an passé, elles lui sont forcément revenues en mémoire par un petit enchaînement de faits nécessaires à déduire ici.

On se rappelle qu'il y a six ou huit mois environ, la question du Rhin s'est agitée tout à coup. Des esprits, excellents et nobles d'ailleurs, l'ont controversée en France assez vivement à cette époque, et ont pris tout d'abord, comme il arrive presque toujours, deux partis opposés,

deux partis extrêmes. Les uns ont considéré les traités de
1815 comme un fait accompli, et, partant de là, ont abandonné la rive gauche du Rhin à l'Allemagne, ne lui de-
mandant que son amitié ; les autres, protestant plus que
jamais et avec justice, selon nous, contre 1815, ont ré-
clamé violemment la rive gauche du Rhin et repoussé l'a-
mitié de l'Allemagne. Les premiers sacrifiaient le Rhin à
la paix ; les autres sacrifiaient la paix au Rhin. A notre
sens, les uns et les autres avaient à la fois tort et raison.
Entre ces deux opinions exclusives et diamétralement con-
traires, il nous a semblé qu'il y avait place pour une opi-
nion conciliatrice. Maintenir le droit de la France sans
blesser la nationalité de l'Allemagne, c'était là le beau
problème dont celui qui écrit ces lignes avait, dans sa
course sur le Rhin, cru entrevoir la solution. Une fois que
cette idée lui apparut, elle lui apparut, non comme une
idée, mais comme un devoir. A son avis, tout devoir veut
être rempli. Lorsqu'une question qui intéresse l'Europe,
c'est-à-dire l'humanité entière, est obscure, si peu de lumière qu'on ait, on doit l'apporter. La raison humaine,
d'accord en cela avec la loi spartiate, oblige dans certains
cas à dire l'avis qu'on a. Il écrivit donc alors, en quelque
sorte sans préoccupation littéraire, mais avec le simple et
sévère sentiment du devoir accompli, les deux cents pages
qui terminent le second volume de cette publication, et il
se disposa à les mettre au jour.

Au moment de les faire paraître, un scrupule lui vint.
Que signifieraient ces deux cents pages ainsi isolées de
tout le travail qui s'était fait dans l'esprit de l'auteur
pendant son exploration du Rhin ? N'y aurait-il pas quelque chose de brusque et d'étrange dans l'apparition de
cette brochure spéciale et inattendue ? Ne faudrait-il pas
commencer par dire qu'il avait visité le Rhin, et alors ne
s'étonnerait-on pas à bon droit que lui, poëte par aspira-

tion, archéologue par sympathie, il n'eût vu dans le
Rhin qu'une question politique internationale? Eclairer
par un rapprochement historique une question contempo-
raine, sans doute cela peut être utile; mais le Rhin, ce
fleuve unique au monde, ne vaut-il pas la peine d'être
aussi vu un peu pour lui-même et en lui-même? Ne
serait-il pas vraiment inexplicable qu'il eût passé, lui, devant ces cathédrales sans y entrer, devant ces forteresses
sans y monter, devant ces ruines sans les regarder, devant
ce passé sans le sonder, devant cette rêverie sans s'y
plonger? N'est-ce pas un devoir pour l'écrivain, quel qu'il
soit, d'être toujours adhérent avec lui-même, *et sibi constet*,
et de ne pas se produire autrement qu'on ne le connaît,
et de ne pas arriver autrement qu'il n'est attendu? Agir
différemment, ne serait-ce pas dérouter le public, livrer
la réalité même du voyage aux doutes et aux conjectures,
et par conséquent diminuer la confiance?

Ceci sembla grave à l'auteur. Diminuer la confiance à
l'heure même où on la réclame plus que jamais; faire
douter de soi, surtout quand il faudrait y faire croire; ne
pas rallier toute la foi de son auditoire quand on prend la
parole pour ce qu'on s'imagine être un devoir, c'était
manquer le but.

Les lettres qu'il avait écrites durant son voyage se re-
présentèrent alors à son esprit. Il les relut, et il reconnut
que, par leur réalité même, elles étaient le point d'appui
incontestable et naturel de ses conclusions dans la question rhénane; que la familiarité de certains détails, que
la minutie de certaines peintures, que la personnalité de
certaines impressions, étaient une évidence de plus; que
toutes ces choses vraies s'ajouteraient comme des contre-
forts à la chose utile; que, sous un certain rapport, le
voyage du rêveur, empreint de caprice, et peut-être pour
quelques esprits chagrins entaché de poésie, pourrait nuire

à l'autorité du penseur; mais que, d'un autre côté, en
étant plus sévère, on risquait d'être moins efficace; que
l'objet de cette publication, malheureusement trop insuf-
fisante, était de résoudre amicalement une question de
haine; et que, dans tous les cas, du moment où la pensée
de l'écrivain, même la plus intime et la plus voilée, serait loyalement livrée aux lecteurs, quel que fût le résul-
tat, lors même qu'ils n'adhéreraient pas aux conclusions
du livre, à coup sûr ils croiraient aux convictions de l'auteur. — Ceci déjà serait un grand pas; l'avenir se char
gerait peut-être du reste.

Tels sont les motifs impérieux, à ce qu'il lui semble,
qui ont déterminé l'auteur à mettre au jour ces lettres et
à donner au public deux volumes sur le Rhin au lieu de
deux cents pages.

Si l'auteur avait publié cette correspondance de voyageur dans un but purement personnel, il lui eût probablement fait subir de notables altérations; il eût supprimé
beaucoup de détails; il eût effacé partout l'intimité et le
sourire; il eût extirpé et sarclé avec soin le *moi*, cette
mauvaise herbe qui repousse toujours sous la plume de
l'écrivain livré aux épanchements familiers; il eût peut-
être renoncé absolument, par le sentiment même de son
infériorité, à la forme épistolaire, que les très-grands esprits ont seuls, à son avis, le droit d'employer vis-à-vis
du public. Mais au point de vue qu'on vient d'expliquer,
ces altérations eussent été des falsifications; ces lettres,
quoiqu'en apparence à peu près étrangères à la *Conclu-
sion*, deviennent pourtant en quelque sorte des pièces jus-
tificatives; chacune d'elles est un certificat de voyage, de
passage et de présence; le *moi*, ici, est une affirmation.
Les modifier, c'était remplacer la vérité par la façon littéraire. C'était encore diminuer la confiance, et par conséquent manquer le but.

Il ne faut pas oublier que ces lettres, qui pourtant n'auront peut-être pas deux lecteurs, sont là pour appuyer une parole conciliante offerte à deux peuples. Devant un si grand objet, qu'importe les petites coquetteries d'arrangeur et les raffinements de toilette littéraire? Leur vérité est leur parure[1].

Il s'est donc déterminé à les publier telles à peu près qu'elles ont été écrites.

(1) L'auteur à cet égard a poussé fort loin le scrupule. Ces lettres ont été écrites au hasard de la plume, sans livres, et les faits historiques ou les textes littéraires qu'elles contiennent çà et là sont cités de mémoire; or la mémoire fait défaut quelquefois. Ainsi, par exemple, dans la lettre neuvième, l'auteur dit que Barberousse *voulut se croiser pour la seconde ou troisième fois*, et dans la lettre dix-septième il parle des *nombreuses croisades* de Frédéric Barberousse. L'auteur oublie dans cette double occasion que Frédéric Ier ne s'est croisé que deux fois, le première n'étant encore que duc de Souabe, en 1147, en compagnie de son oncle Conrad III; la seconde étant empereur, en 1189. Dans la lettre quatorzième, l'auteur a écrit l'hérésiarque *Doucet* où il eût fallu écrire l'hérésiarque *Doucin*. Rien n'était plus facile à corriger que ces erreurs; il a semblé à l'auteur que, puisqu'elles étaient dans ces lettres, elles devaient y rester comme le cachet même de leur réalité. Puisqu'il en est à rectifier des erreurs, qu'on lui permette de passer des siennes à celles de son imprimeur. Un errata raisonné est parfois utile. Dans la lettre première, au lieu de : *la maison est pleine de voix qui ordonnent*, il faut lire : *la maison est pleine de voix qui jordonnent*. Dans la *Légende du beau Pécopin* (paragraphe XII, dernières lignes), au lieu de : *une porte de métal*, il faut lire : *une porte de métail*. Les deux mots *jordonner* et *métail* manquent au Dictionnaire de l'Académie, et selon nous le Dictionnaire a tort. *Jordonner* est un excellent mot de la langue familière, qui n'a pas de synonyme possible, et qui exprime une nuance précise et délicate : le commandement exercé avec sottise et vanité, à tout propos et hors de tout propos Quant au mot *métail*, il n'est pas moins précieux Le *métal* est la substance métallique pure; l'argent est un métal. Le *métail* est la substance métallique composée; le bronze est un métail.

(*Note de la première édition.*)

Il dit « à peu près, » car il ne veut point cacher qu'il a néanmoins fait quelques suppressions et quelques changements, mais ces changements n'ont aucune importance pour le public. Ils n'ont d'autre objet la plupart du temps que d'éviter des redites, ou d'épargner à des tiers, à des indifférents, à des inconnus rencontrés, tantôt un blâme, tantôt une indiscrétion, tantôt l'ennui de se reconnaître. Il importe peu au public, par exemple, que toutes les fins de lettres, consacrées à des détails de famille, aient été supprimées ; il importe peu que le lieu où s'est produit un accident quelconque, une roue cassée, un incendie d'auberge, etc., ait été changé ou non. L'essentiel, pour que l'auteur puisse dire, lui aussi : *Ceci est un livre de bonne foi,* c'est que la forme et le fond des lettres soient restés ce qu'ils étaient. On pourrait au besoin montrer aux curieux, s'il y en avait pour de si petites choses, toutes les pièces de ce journal d'un voyageur authentiquement timbrées et datées par la poste.

De la part des grands écrivains, et il est inutile de citer ici d'illustres exemples qui sont dans toutes les mémoires, ces sortes de confidences ont un charme extrême ; le beau style donne la vie à tout ; de la part d'un simple passant, elles n'ont, nous le répétons, de valeur que leur sincérité. A ce titre, et à ce titre seulement, elles peuvent être quelquefois précieuses. Elles se classent, avec le moine de Saint-Gall, avec le bourgeois de Paris sous Philippe-Auguste, avec Jean de Troyes, parmi les matériaux utiles à consulter ; et, comme document honnête et sérieux, ont parfois plus tard l'honneur d'aider la philosophie et l'histoire à caractériser l'esprit d'une époque et d'une nation à un moment donné. S'il était possible d'avoir une prétention pour ces deux volumes, l'auteur n'en aurait pas d'autre que celle-là.

Qu'on n'y cherche pas non plus les aventures dramatiques et les incidents pittoresques. Comme l'auteur l'explique dès les premières pages de ce livre, il voyage solitaire sans autre objet que de rêver beaucoup et de penser un peu. Dans ces excursions silencieuses, il emporte deux vieux livres, ou, si on lui permet de citer sa propre expression, il emmène deux vieux amis, Virgile et Tacite : Virgile, c'est-à-dire toute la poésie qui sort de la nature ; Tacite, c'est-à-dire toute la pensée qui sort de l'histoire.

Et puis, il reste, comme il convient, toujours et partout retranché dans le silence et le demi-jour, qui favorisent l'observation. Ici, quelques mots d'explication sont indispensables. On le sait, la prodigieuse sonorité de la presse française, si puissante, si féconde et si utile d'ailleurs, donne aux moindres noms littéraires de Paris un retentissement qui ne permet pas à l'écrivain, même le plus humble et le plus insignifiant, de croire hors de France à sa complète obscurité. Dans cette situation, l'observateur, quel qu'il soit, pour peu qu'il se soit livré quelquefois à la publicité, doit, s'il veut conserver entière son indépendance de pensée et d'action, garder l'incognito comme s'il était quelque chose, et l'anonyme comme s'il était quelqu'un. Ces précautions, qui assurent au voyageur le bénéfice de l'ombre, l'auteur les a prises durant son excursion aux bords du Rhin, bien qu'elles fussent à coup sûr surabondantes pour lui et qu'il lui parût presque ridicule de les prendre. De cette façon, il a pu recueillir ses notes à son aise et en toute liberté, sans que rien gênât sa curiosité ou sa méditation dans cette promenade de fantaisie qui, nous croyons l'avoir suffisamment indiqué, admet pleinement le hasard des auberges et des tables d'hôte, et s'accommode aussi volontiers de la patache que de la chaise de poste, de la banquette des diligences que de la tente des bateaux à vapeur.

Quant à l'Allemagne, qui est à ses yeux la collabora-

trice naturelle de la France, il croit, dans les considérations qu'il en a données dans cet ouvrage, l'avoir ap-
préciée justement et l'avoir vue telle qu'elle est. Qu'aucun lecteur ne s'arrête à deux ou trois mots semés çà et là
dans ces lettres, et maintenus par scrupule de sincérité ;
l'auteur proteste énergiquement contre toute intention
d'ironie. L'Allemagne, il ne le cache pas, est une des
terres qu'il aime et une des nations qu'il admire. Il a
presque un sentiment filial pour cette noble et sainte patrie de tous les penseurs. S'il n'était pas Français, il vou-
drait être Allemand.

L'auteur ne croit pas devoir achever cette note prélimi-
naire sans entretenir les lecteurs d'un dernier scrupule
qui lui est survenu. Au moment où l'impression de ce livre se terminait, il s'est aperçu que des événements tout
récents, et qui, à l'instant même où nous sommes, occupent encore Paris, semblaient donner la valeur d'une application directe à certain passage que l'on trouvera plus
loin. Or, l'auteur ayant toujours eu plutôt pour but de
calmer que d'irriter, il se demanda s'il n'effacerait pas
ces deux lignes. Après réflexion, il s'est décidé à les maintenir. Il suffit d'examiner la date où ces lignes ont été
écrites pour reconnaître que, s'il y avait à cette époque-là
quelque chose dans l'esprit de l'auteur, c'était peut-être
une prévision, ce n'était pas, à coup sûr, et ce ne pouvait
être une application. Si l'on se reporte aux faits généraux
de notre temps, on verra que cette prévision a pu en ré-
sulter, même dans la forme précise que le hasard lui a
donnée. En admettant que ces deux lignes aient un sens,
ce ne sont pas elles qui sont venues se superposer aux
événements, ce sont les événements qui sont venus se ran-
ger sous elles. Il n'est pas d'écrivain un peu réfléchi auquel cela ne soit arrivé. Quelquefois, à force d'étudier le
présent, on rencontre quelque chose qui ressemble à l'a-

venir. Il a donc laissé ces deux lignes à leur place, de même qu'il s'était déjà déterminé à laisser dans le recueil intitulé les *Feuilles d'automne*, les vers intitulés *Rêverie d'un passant à propos d'un roi*, petit poëme écrit en juin 1830, qui annonce la Révolution de juillet.

Pour ce qui est de ces deux volumes en eux-mêmes, l'auteur n'a plus rien à en dire. S'ils ne se dérobaient par leur peu de valeur à l'honneur des assimilations et des comparaisons, l'auteur ne pourrait s'empêcher de faire remarquer que cet ouvrage, qui a un fleuve pour sujet, s'est, par une coïncidence bizarre, produit lui-même tout spontanément et tout naturellement à l'image d'un fleuve. Il commence comme un ruisseau ; traverse un ravin près d'un groupe de chaumières, sous un petit pont d'une arche ; côtoie l'auberge dans le village, le troupeau dans le pré, la poule dans le buisson, le paysan dans le sentier ; puis il s'éloigne ; il touche un champ de bataille, une plaine illustre, une grande ville ; il se développe, il s'enfonce dans les brumes de l'horizon, reflète des cathédrales, visite des capitales, franchit des frontières, et, après avoir réfléchi les arbres, les champs, les étoiles, les églises, les ruines, les habitations, les barques et les voiles, les hommes et les idées, les ponts qui joignent deux villages et les ponts qui joignent deux nations, il rencontre enfin, comme le but de sa course et le terme de son élargissement, le double et profond océan du présent et du passé, la politique et l'histoire.

Paris, janvier 1842.

1858

LE RHIN

LETTRE I

DE PARIS A LA FERTÉ-SOUS-JOUARRE.

Départ de Paris. — Le coteau de S.-P. — Prouesses des démolisseurs. — Nanteuil-le-Haudouin. — Villers-Cotterets. — Les
1600 curiosités de Dammartin. — Dieu offre la diligence à qui
perd son cabriolet — La Ferté-sous-Jouarre. — Un épicier
héritier du duc de Saint-Simon. — Aspect de la campagne. —
Le voyageur raconte ses goûts. — Le bossu et le gendarme.
— Pourquoi un homme est un brave. — Pourquoi le même
homme est un lâche. — La peau et l'habit. — 1814 et 1830 —
Meaux. — Un fort bel escalier. — La cathédrale de Bossuet.
— Meaux a eu un théâtre avant Paris. — Pourquoi les gens
de Meaux ont pendu le diable. — Comment une reine s'y
prend pour faire entrer un roi dans le paradis.

La Ferté-sous-Jouarre, juillet 1838.

C'est avant-hier matin, vers onze heures, comme je
vous l'ai écrit, mon ami, que j'ai quitté Paris. Je suis
sorti par la route de Meaux, et j'ai laissé à ma gauche
Saint-Denis, Montmorency, et tout à l'extrémité des collines le coteau de S.-P. Je vous ai donné dans ce moment-là
une bonne et tendre pensée à tous; et j'ai tenu mes re-

2.

gards fixés sur cette petite ampoule obscure au fond de la plaine, jusqu'à l'instant où un tournant du chemin me l'a brusquement cachée.

Vous connaissez mon goût pour les grands voyages à petites journées, sans fatigue, sans bagage, en cabriolet, seul avec mes vieux amis d'enfance, Virgile et Tacite. Vous voyez donc d'ici mon équipage.

J'ai pris le chemin de Châlons, car je connais la route de Soissons pour l'avoir suivie il y a quelques années ; et, grâce aux démolisseurs, elle n'a aujourd'hui qu'un médiocre intérêt. Nanteuil-le-Haudouin a perdu son château bâti sous François Ier. Villers-Cotterets a converti en dépôt de mendicité le magnifique manoir du duc de Valois, et là, comme presque partout, sculptures et peintures, tout l'esprit de la renaissance, toute la grâce du seizième siècle, a honteusement disparu sous la racloire et le badigeon. Dammartin a rasé son énorme tour du haut de laquelle on voyait Montmartre distinctement, à neuf lieues de distance, et dont la grande lézarde verticale avait fait naître ce proverbe que je n'ai jamais bien compris : *Il est comme le château de Dammartin qui crève de rire.* Aujourd'hui, veuf de sa vieille bastille dans laquelle l'évêque de Meaux, quand il était en querelle avec le comte de Champagne, avait le droit de se réfugier avec sept personnes de sa suite, Dammartin n'engendre plus de proverbes et ne donne plus lieu qu'à des notes littéraires du genre de celle-ci, que j'ai copiée textuellement, à l'époque où j'y passai, dans je ne sais plus quel petit livre local étalé sur la table de l'auberge :

« DAMMARTIN (Seine-et-Marne), petite ville sur une col-« line. On y fabrique de la dentelle. Hôtel : *Sainte-Anne.* « Curiosités : l'église paroissiale, la halle, seize cents ha-« bitants. »

Le peu de temps accordé pour dîner par ce tyran des diligences appelé « le conducteur » ne me permit pas alors de vérifier jusqu'à quel point il était vrai que les seize cents habitants de Dammartin fussent tous des curiosités.

J'ai donc pris par Meaux.

Entre Claye et Meaux, par le plus beau temps et le plus beau chemin du monde, la roue de mon cabriolet a cassé. Vous savez que je suis de ces hommes qui *continuent leur route*; le cabriolet renonçait à moi, j'ai renoncé au cabriolet. Justement une petite diligence passait, la diligence Touchard. Elle n'avait plus qu'une place vacante, je l'ai prise; et dix minutes après l'accident, je « continuais ma route » juché sur l'impériale entre un bossu et un gendarme.

Me voici en ce moment à la Ferté-sous-Jouarre, jolie petite ville que je revois pour la quatrième fois bien volontiers avec ses trois ponts, ses charmantes îles, son vieux moulin au milieu de la rivière qui se rattache à la terre par cinq arches, et son beau pavillon du temps de Louis XIII, qui a appartenu, dit-on, au duc de Saint-Simon, et qui aujourd'hui se déforme entre les mains d'un épicier.

Si en effet M. de Saint-Simon a possédé ce vieux logis, je doute que son manoir natal de la Ferté-Vidame eût une mine plus seigneuriale et plus fière, et fût mieux fait pour encadrer sa hautaine figure de duc et pair, que le charmant et sévère châtelet de la Ferté-sous-Jouarre.

Le moment est parfait pour voyager. Les campagnes sont pleines de travailleurs. On achève la moisson. On bâtit çà et là de grandes meules qui ressemblent, quand elles sont à moitié faites, à ces pyramides éventrées qu'on retrouve en Syrie. Les blés coupés sont rangés à terre sur le flanc des collines de façon à imiter le dos des zébres.

Vous le savez, mon ami, ce ne sont pas les événements

que je cherche en voyage, ce sont les idées et les sensations; et pour cela, la nouveauté des objets suffit. D'ailleurs, je me contente de peu. Pourvu que j'aie des arbres,
de l'herbe, de l'air, de la route devant moi et de la route
derrière moi, tout me va. Si le pays est plat, j'aime les
larges horizons. Si le pays est montueux, j'aime les paysages inattendus, et au haut de chaque côte il y en a un.
Tout à l'heure je voyais une charmante vallée. A droite et
à gauche de beaux caprices de terrain; de grandes collines
coupées par les cultures et une multitude de carrés amusants à voir; çà et là, des groupes de chaumières basses
dont les toits semblaient toucher le sol; au fond de la
vallée, un cours d'eau marqué à l'œil par une longue ligne
de verdure et traversé par un vieux petit pont de pierre
rouillée et vermoulue où viennent se rattacher les deux
bouts du grand chemin. — Au moment où j'étais là, un
roulier passait le pont, un énorme roulier d'Allemagne
gonflé, sanglé et ficelé, qui avait l'air du ventre de Gar-
gantua traîné sur quatre roues par huit chevaux. Devant
moi, suivant l'ondulation de la colline opposée, remon-
tait la roue éclatante de soleil, sur laquelle l'ombre des
rangées d'arbres dessinait en noir la figure d'un grand peigne auquel il manquerait plusieurs dents.

Eh bien, ces arbres, ce peigne d'ombre dont vous ri-
rez peut-être, ce roulier, cette route blanche, ce vieux
pont, ces chaumes bas, tout cela m'égaye et me rit. Une
vallée comme celle-là me contente, avec le ciel par-dessus.
J'étais seul dans cette voiture à la regarder et à en jouir.
Les voyageurs bâillaient horriblement.

Quand on relaye, tout m'amuse. On s'arrête à la porte
de l'auberge. Les chevaux arrivent avec un bruit de fer-
raille. Il y a une poule blanche sur la grande route, une
poule noire dans les broussailles, une herse ou une vieille
roue cassée dans un coin, des enfants barbouillés qui

jouent sur un tas de sable; au-dessus de ma tête Charles-
Quint, Joseph II ou Napoléon pendus à une vieille potence
en fer et faisant enseigne, grands empereurs qui ne sont
plus bons qu'à achalander une auberge. La maison est
pleine de voix qui jordonnent; sur le pas de la porte, les
garçons d'écurie et les filles de cuisine font des idylles, le
fumier cajole l'eau de vaisselle; et moi, je profite de ma
haute position, — sur l'impériale, — pour écouter causer
le bossu et le gendarme, ou pour admirer les jolies petites
colonies de coquelicots nains qui font des oasis sur un
vieux toit.

Du reste, mon gendarme et mon bossu étaient des phi-
losophes, « pas fiers du tout, » et causant humainement
l'un avec l'autre, le gendarme sans dédaigner le bossu, le
bossu sans mépriser le gendarme. Le bossu paye six cents
francs de contribution à Jouarre, l'ancienne *Jovis ara*,
comme il avait la bonté de l'expliquer au gendarme. Il
possède, en outre, un père qui paye neuf cents livres à
Paris, et il s'indigne contre le gouvernement chaque fois
qu'il acquitte le sou de passage au pont sur la Marne entre Meaux et la Ferté. Le gendarme ne paye aucune contribution, mais il raconte naïvement son histoire. En 1814,
à Montmirail, il se battit comme un lion; il était conscrit.
En 1830, aux journées de Juillet, il eut peur et se sauva;
il était gendarme. Cela l'étonne et cela ne m'étonne pas.
Conscrit, il n'avait rien que ses vingt ans, il était brave.
Gendarme, il avait femme et enfants, et, ajoutait-il, son
cheval à lui; il était lâche. Le même homme, du reste,
mais non la même vie. La vie est un mets qui n'agrée
que par la sauce. Rien n'est plus intrépide qu'un forçat.
Dans ce monde, ce n'est pas à sa peau que l'on tient,
c'est à son habit. Celui qui est tout nu ne tient à rien.

Convenons aussi que les deux époques étaient bien différentes. Ce qui est dans l'air agit sur le soldat comme

sur tout homme. L'idée qui souffle le glace ou le réchauffe, lui aussi. En 1830, une révolution soufflait. Il se sentait courbé et terrassé par cette force des idées qui est comme l'âme de la force des choses. Et puis, quoi de plus triste et de plus énervant? se battre pour des ordonnances étranges, pour des ombres qui ont passé dans un cerveau troublé, pour un rêve, pour une folie, frères contre frères, fantassins contre ouvriers, Français contre Parisiens! En 1814, au contraire, le conscrit luttait contre l'étranger, contre l'ennemi, pour des choses claires et simples, pour lui-même, pour tous, pour son père, sa mère et ses sœurs, pour la charrue qu'il venait de quitter, pour le toit de chaume qui fumait là-bas; pour la terre qu'il avait sous les clous de ses souliers, pour la patrie saignante et vivante. En 1830, le soldat ne savait pas pourquoi il se battait. En 1814, il faisait plus que le savoir, il le comprenait; il faisait plus que le comprendre, il le sentait; il faisait plus que le sentir, il le voyait.

Trois choses m'ont intéressé à Meaux : un délicieux petit portail de la renaissance accolé à une vieille église démantelée, à droite, en entrant dans la ville; puis la cathédrale; puis, derrière la cathédrale, un bon vieux logis de pierre de taille, à demi fortifié, flanqué de grandes tourelles engagées. Il y avait une cour. Je suis entré bravement dans la cour, quoique j'y eusse avisé une vieille femme qui tricotait. Mais la bonne dame m'a laissé faire. J'y voulais étudier un fort bel escalier extérieur, dallé de pierre et charpenté de bois, qui monte à la vieille maison, appuyé sur deux arches surbaissées et couvert d'un toit-auvent à arcades en anse de panier. Le temps m'a manqué pour le dessiner. Je le regrette; c'est le premier escalier de ce genre que j'aie vu. Il m'a paru être du quinzième siècle.

La cathédrale est une noble église commencée au qua-

torzième siècle et continuée au quinzième. On vient de la
restaurer d'une odieuse façon. Elle n'est d'ailleurs pas fi-
nie. De ses deux tours projetées par l'architecte, une seulement est bâtie. L'autre, qui a été ébauchée, cache son
moignon sous un appareil d'ardoise. La porte du milieu et
celle de droite sont du quatorzième siècle; celle de gauche
est du quinzième. Toutes trois sont fort belles, quoique
d'une pierre que la lune et la pluie ont rongée.

J'en ai voulu déchiffrer les bas-reliefs. Le tympan de la
porte de gauche représente l'histoire de saint Jean-Baptiste; mais le soleil, qui tombait à plomb sur la façade,
n'a pas permis à mes yeux d'aller plus loin. L'intérieur de
l'église est d'une composition superbe. Il y a sur le chœur
de grandes ogives trilobées à jour du plus bel effet. A
l'apside, il ne reste plus qu'une verrière magnifique et
qui fait regretter les autres. On repose en ce moment, à
l'entrée du chœur, deux autels en ravissante menuiserie
du quinzième siècle; mais on barbouille cela de peinture
à l'huile, couleur bois. C'est le goût des naturels du pays.
A gauche du chœur, près d'une charmante porte surbais-
sée avec imposte, j'ai vu une belle statue de marbre à
genoux d'un homme de guerre du seizième siècle, sans armoiries ni inscription d'ailleurs. Je n'ai pas su deviner le
nom de cette statue. Vous qui savez tout, vous l'auriez
fait. De l'autre côté est une autre statue; celle-là porte
son inscription, et bien lui en prend : car vous-même
vous ne devineriez pas dans ce marbre fade et dur la figure
sévère de Bénigne Bossuet. Quant à Bossuet, j'ai grand'peur
que la destruction des vitraux ne soit de son fait. J'ai vu
son trône épiscopal, d'une assez belle boiserie en style
Louis XIV, avec baldaquin figuré. Le temps m'a manqué
pour aller visiter son fameux cabinet à l'évêché.

Un fait étrange, c'est que Meaux a eu un théâtre avant
Paris, une vraie salle de spectacle, construite dès 1547, —

dit un manuscrit de la bibliothèque locale, — tenant du
cirque antique en ce qu'elle était couverte d'un velarium,
et du théâtre actuel en ce qu'*il y avait tout autour des
loges fermant à clef, lesquelles étaient louées à des habitants de Meaux.* On représentait là des mystères. Un
nommé Pascalus jouait le Diable et en garda le surnom.
En 1562 il livra la ville aux huguenots, et l'année d'a-
près les catholiques le pendirent, un peu parce qu'il avait
livré la ville, beaucoup parce qu'il s'appelait le *Diable.* —
Aujourd'hui Paris a vingt théâtres, la ville champenoise
n'en a plus un seul. On prétend qu'elle s'en vante; c'est
çomme si Meaux se vantait de n'être pas Paris.

Du reste, ce pays est plein du siècle de Louis XIV. Ici,
le duc Saint-Simon; à Meaux, Bossuet; à la Ferté-Milon,
Racine; à Château-Thierry, la Fontaine. Le tout en un
rayon de douze lieues. Le grand seigneur avoisine le grand
évêque. La Tragédie coudoie la Fable.

En sortant de la cathédrale, j'ai trouvé le soleil voilé et
j'ai pu examiner la façade. Le grand tympan du portail
central est des plus curieux. Le compartiment inférieur
représente Jeanne, femme de Philippe le Bel, des deniers
de laquelle l'église fut construite après sa mort. La reine
de France, sa cathédrale à la main, se présente aux portes
du paradis. Saint Pierre les lui ouvre à deux battants.
Derrière la reine se tient le beau roi Philippe avec je ne sais
quel air de pauvre honteux. La reine, fort spirituellement
sculptée et atournée, désigne le pauvre diable de roi d'un
regard de côté et d'un geste d'épaule, et semble dire à
saint Pierre : *Bah! laissez-le entrer par-dessus le marché!*

LETTRE II

MONTMIRAIL. — MONTMORT. — ÉPERNAY.

Montmirail. — *Nos patriam fugimus, nos dulcia linquimus arva.*
— Champ de bataille de Montmirail. — Soleil couché. — Napoléon disparu. — Le voyageur parle des ormes. — Le château
de Montmort. — Comment le voyageur éblouit mademoiselle
Jeannette. — Route de nuit dans les bois. — Epernay. — Les
trois églises : Thibaut Ier, Pierre Strozzi, Poterlet-Galichet.—
Odry apparaît à l'auteur dans l'église d'Epernay. — Comme
quoi le voyageur aime mieux regarder des coquelicots et des
papillons que quinze cent mille bouteilles de vin de Champagne. — Pilogène et Phyotrix. — A Montmirail le voyageur re-
marque un œuf frais. — De quoi on riait au seizième siècle.

Epernay, 21 juillet.

A la Ferté-sous-Jouarre j'ai loué la première carriole
venue, en ne m'informant guère que d'une chose : a-t-elle
la voie, et les roues sont-elles bonnes? et je m'en suis
allé à Montmirail. Rien dans cette petite ville qu'un assez
frais paysage à l'entrée de deux belles allées d'arbres. Le
reste, le château excepté, est un fouillis de masures.

Lundi, vers cinq heures du soir, je quittais Montmirail
en me dirigeant vers la route de Sézanne à Epernay. Une
heure après j'étais à Vaux-Champs, et je traversais le fa-

meux champ de bataille. Un moment avant d'y arriver j'avais rencontré sur la route une charrette bizarrement chargée. Pour attelage un âne et un cheval. Sur la voiture, des casseroles, des chaudrons, de vieux coffres, des chaises de paille, un tas de meubles; à l'avant, dans une espèce de panier, trois petits enfants presque nus; à l'arrière, dans un autre panier, des poules. Pour conducteur, un homme en blouse, à pied, portant un enfant sur son dos. A quelques pas, une femme, marchant aussi, et portant aussi un enfant, mais dans son ventre. Tout ce déménagement se hâtait vers Montmirail comme si la grande bataille de 1814 allait recommencer. « Oui, me disais-je, on devait rencontrer ici de ces charrettes-là il y a vingt-cinq ans. » Je me suis informé, ce n'était pas un déménagement, c'était une expatriation. Cela n'allait pas à Montmirail, cela allait en Amérique. Cela ne fuyait pas une bataille, cela fuyait la misère. En deux mots, cher ami, c'était une famille de pauvres paysans alsaciens émigrants, à qui l'on promet des terres dans l'Ohio, et qui s'en vont de leur pays sans se douter que Virgile a fait sur eux les plus beaux vers du monde il y a deux mille ans.

Du reste, ces braves gens s'en allaient avec une parfaite insouciance. L'homme refaisait une mèche à son fouet, la femme chantonnait, les enfants jouaient. Les meubles seuls avaient je ne sais quoi de malheureux et de désorienté qui faisait peine. Les poules aussi m'ont paru avoir le sentiment de leur malheur.

Cette indifférence m'a étonné. Je croyais vraiment la patrie plus profondément gravée dans les hommes. Cela leur est donc égal, à ces gens, de ne plus voir les mêmes arbres?

Je les ai suivis quelque temps des yeux. Où allait ce petit groupe cahoté et trébuchant? Où vais-je moi-même? La route tourna, ils disparurent. J'entendis encore quel-

que temps le fouet de l'homme et la chanson de la femme,
puis tout s'évanouit.

Quelques minutes après j'étais dans les glorieuses plaines
qui ont vu l'empereur. Le soleil se couchait. Les arbres
faisaient de grandes ombres. Les sillons, déjà retracés çà
et là, avaient une couleur blonde. Une brume bleue montait du fond des ravins. La campagne était déserte. On n'y
voyait au loin que deux ou trois charrues oubliées, qui
avaient l'air de grandes sauterelles. A ma gauche, il y
avait une carrière de pierres meulières. De grosses meules toutes faites et bien rondes, les unes blanches et neuves, les autres vieilles et noires, gisaient pêle-mêle sur le
sol, debout, couchées, en piles, comme les pièces d'un
énorme damier bouleversé. En effet, des géants avaient
joué là une grande partie.

Je tenais à voir le château de Montmort, ce qui fait qu'à
quatre lieues de Montmirail, à Formentières ou Armen-
tières, j'ai tourné brusquement à gauche, et j'ai pris la
route d'Epernay. Il y a là seize grands ormes les plus
amusants du monde qui penchent sur la route leurs profils rechignés et leurs perruques ébouriffées. Les ormes
sont une de mes joies en voyage. Chaque orme vaut la
peine d'être regardé à part. Tous les autres arbres sont
bêtes et se ressemblent; les ormes seuls ont de la fantaisie et se moquent de leur voisin, se renversant lorsqu'il
se penche, maigres lorsqu'il est touffu, et faisant toutes
sortes de grimaces le soir aux passants. Les jeunes ormes
ont un feuillage qui jaillit dans tous les sens, comme une
pièce d'artifice qui éclate. Depuis la Ferté jusqu'à l'endroit
où l'on trouve ces seize ormes, la route n'est bordée que
de peupliers, de trembles ou de noyers çà et là, ce qui me
donnait quelque humeur.

Le pays est plat, la plaine fuit à perte de vue. Tout à
coup, en sortant d'un bouquet d'arbres, on aperçoit à

droite, comme à moitié enfoui dans un pli du terrain, un ravissant tohu-bohu de tourelles, de girouettes, de pignons, de lucarnes et de cheminées. C'est le château de Montmort.

Mon cabriolet a tourné bride, et j'ai mis pied à terre devant la porte du château. C'est une exquise forteresse du seizième siècle, bâtie en brique, avec toits d'ardoise et girouettes ouvragées, avec sa double enceinte, son double fossé, son pont de trois arches qui aboutit au pont-levis, son village à ses pieds, et tout autour un admirable paysage, sept lieues d'horizon. Aux baies près, qui ont presque toutes été refaites, l'édifice est bien conservé. La tour d'entrée contient, roulés l'un sur l'autre, un escalier à vis pour les hommes et une rampe pour les chevaux. Au bas il y a encore une vieille porte de fer, et en montant, dans les embrasures de la tour, j'ai compté quatre petits engins du quinzième siècle. La garnison de la forteresse se composait pour le moment d'une vieille servante, mademoiselle Jeannette, qui m'a fort gracieusement accueilli. Il ne reste des anciens appartements de l'intérieur que la cuisine, fort belle salle voûtée à grande cheminée ; le vieux salon, dont on a fait un billard, et un charmant petit cabinet à boiseries dorées, dont le plafond a pour rosace un chiffre fort ingénieusement entortillé. Le vieux salon est une magnifique pièce. Le plafond à poutres peintes, dorées et sculptées, est encore intact. La cheminée, surmontée de deux fort nobles statues, est du plus beau style de Henri III. Les murs étaient jadis couverts de vastes panneaux de tapisserie, qui étaient des portraits de famille. A la Révolution, des gens d'esprit du village voisin ont arraché ces panneaux et les ont brûlés, ce qui a porté un coup mortel à la féodalité. Le propriétaire actuel a remplacé ces panneaux par de vieilles gravures représentant des vues de Rome et des batailles du grand Condé, collées à cru sur le mur. Ce que voyant, j'ai donné trente sous à mademoiselle Jeannette, qui m'a paru éblouie de ma magnificence.

Et puis j'ai regardé les canards et les poules dans les fossés du château, et je m'en suis allé.

En sortant de Montmort — où l'on arrive par la plus horrible route du monde, soit dit en passant — j'ai rencontré la malle qui a dû vous porter ma précédente lettre. Je l'ai chargée, ami, de toutes sortes de bonnes pensées pour vous.

La route s'est enfoncée dans un bois, au moment où la nuit tombait, et je n'ai plus rien vu jusqu'à Epernay que des cabanes de charbonniers qui fumaient à travers les branches. La gueule rouge d'une forge éloignée m'apparaissait par moments, le vent agitait au bord de la route la vive silhouette des arbres, et sur ma tête, dans le ciel, le splendide chariot faisait son voyage au milieu des étoiles pendant que ma pauvre patache faisait le sien à travers les cailloux.

Epernay, c'est la ville du vin de Champagne. Rien de plus, rien de moins.

Trois églises se sont succédé à Épernay. La première, une église romane, bâtie en 1037 par Thibaut Iᵉʳ, comte de Champagne, fils d'Eudes II. La seconde, une église de la Renaissance, bâtie en 1540 par Pierre Strozzi, maréchal de France, seigneur d'Épernay, tué au siége de Thionville en 1558. La troisième, l'église actuelle, me fait l'effet d'avoir été bâtie sur les dessins de M. Poterlet-Galichet, un brave marchand dont la boutique et le nom coudoient l'église. Les trois églises me paraissent admirablement dépeintes et résumées par ces trois noms : Thibaut Iᵉʳ, comte de Champagne; Pierre Strozzi, maréchal de France; Poterlet-Galichet, épicier.

C'est vous dire assez que la dernière, l'église actuelle,

est une hideuse bâtisse en plâtre, bête, blanche et lourde, avec triglyphes supportant les retombées des archivoltes. Il ne reste rien de la première église. Il ne reste de la deuxième que de beaux vitraux et un portail exquis. L'une des verrières raconte toute l'histoire de Noé de la façon la plus naïve. Vitraux et portail sont, bien entendu, enclavés et englués dans l'affreux plâtre de l'église neuve. Il m'a semblé voir Odry avec son pantalon blanc trop court, ses bas bleus et son grand col de chemise, portant le casque et la cuirasse de François Ier.

On a voulu me mener voir ici la curiosité du pays, une grande cave qui contient quinze cent mille bouteilles. Chemin faisant, j'ai rencontré un champ de navette en fleur avec des coquelicots et des papillons et un beau rayon de soleil. J'y suis resté. La grande cave se passera de ma visite.

La pommade pour faire pousser les cheveux, qui s'appelle à la Ferté : PILOGÈNE, s'appelle à Epernay : PHYOTHRIX, *importation grecque.*

A propos, à Montmirail l'hôtel de la Poste m'a fait payer quatre œufs frais quarante sous; cela m'a paru un peu vif.

J'oubliais de vous dire que Thibaut Ier a été enterré dans son église et Strozzi dans la sienne. Je réclame dans l'église actuelle une tombe pour M. Poterlet-Galichet.

C'était un brave que ce Strozzi. Brisquet, fou de Henri II, s'amusa un jour à lui larder avec du lard, par derrière, en pleine cour, un fort beau manteau neuf que le maréchal essayait ce jour-là. Il paraît que cela fit beaucoup rire, car Strozzi s'en vengea cruellement. Pour moi, je n'aurais pas ri et je ne me serais pas vengé. Larder un manteau de velours avec du lard! Je n'ai jamais été ébloui de cette plaisanterie de la Renaissance.

LETTRE III

CHALONS. SAINTE-MENEHOULD. VARENNES.

Le voyageur fait son entrée à Varenne. —Place où Louis XVI fut
arrêté. — Ce qu'on raconte dans le pays. — Comment s'appelait l'homme qui avait en 1791 l'âme de Judas. — Rapprochements sinistres. — Les lieux ont parfois la figure des faits. —
Varennes est près de Reims.—L'auberge du *Grand-Monarque*.
— Ce que dit l'enseigne. — Ce que dit l'hôte. — L'église de
Varennes, — Ce qu'on trouve dans les paysages de Champagne. — Châlons.—La cathédrale. — Notre-Dame. — Le guettier. — Le voyageur dit des choses très-risquées à propos d'un
petit garçon fort laid qui est dans un clocher. — Les autres
églises de Châlons. — L'hôtel de ville. — Quels sont les animaux assis devant la façade. — Notre-Dame-de-l'Epine. — Le
puits miraculeux. — Familiarité du télégraphe avec Notre-
Dame — Un orage. — Sainte-Menehould. — Beautés épiques
de la cuisine de l'*hôtel de Metz*. — L'oiseau endormi. — Eloge
des femmes à propos des auberges. — Paysages. — Hymne à
la Champagne.

Varennes, 25 juillet.

Hier, à la chute du jour, mon cabriolet cheminait au
delà de Sainte-Menehould ; je venais de relire ces admirables et éternels vers :

Mugitusque boum mollesque sub arbore somni.
. . . .
Speluncæ vivique lacus.

J'étais resté appuyé sur le vieux livre entr'ouvert, dont les
pages se chiffonnaient sous mon coude. J'avais l'âme
pleine de toutes ces idées vagues, douces et tristes qui se
mêlent ordinairement dans mon esprit aux rayons du soleil
couchant, quand un bruit de pavé sous les roues m'a réveillé.
Nous entrions dans une ville. — Qu'est cette ville? — Mon
cocher m'a répondu : « C'est Varennes. » Puis la voiture s'est
engagée dans une rue qui descend, entre deux rangs de maisons qui ont je ne sais quoi de grave et de pensif Portes et
volets fermés ; de l'herbe dans les cours. Tout à coup,
après avoir passé une vieille porte cochère du temps de
Louis XIII, en pierres noires, accostée d'un grand puits
revêtu d'un appareil de madriers, la voiture a débouché
dans une petite place triangulaire entourée de maisons
d'un seul étage, blanchies à la chaux, avec deux arbres
rabougris gardant une porte dans un coin. Le grand côté
de ce carrefour trigonal est orné d'un méchant beffroi
écaillé d'ardoises. C'est dans cette place que Louis XVI fut
arrêté comme il s'enfuyait, le 21 juin 1791. Il fut arrêté
par Drouet, le maître de poste de Sainte-Menehould (il n'y
avait pas alors de poste à Varennes), devant une maison
jaune qui fait le coin de la place après avoir passé le beffroi. La voiture du roi suivait l'hypothénuse du triangle
que dessine la place. La nôtre a parcouru le même chemin. Je suis descendu de cabriolet et j'ai regardé longtemps cette petite place. Comme elle s'est élargie rapidement! en quelques mois elle est devenue monstrueuse,
elle est devenue la place de la Révolution.

Voici ce qu'on raconte dans le pays. Le roi se défendit
vivement d'être le roi (ce que n'aurait pas fait Charles I⁰ʳ,
soit dit en passant). On allait le relâcher, faute de le reconnaître décidément, lorsque survint un monsieur d'E-
thé, qui avait je ne sais quel sujet de haine contre la cour.
Ce M. d'Ethé (je ne sais si c'est bien là l'orthographe du

nom, mais on écrit toujours suffisamment le nom d'un traitre), cet homme donc aborda le roi à la façon de Judas, en disant : « Bonjour, sire. » Cela suffit. On retint le roi. Il y avait cinq personnes royales dans la voiture; le misérable, avec un mot, les frappa toutes les cinq. Ce *bonjour, sire*, ce fut pour Louis XVI, pour Marie-Antoinette et pour madame Elisabeth, la guillotine; pour le Dauphin, l'agonie du Temple; pour Madame Royale, l'extinction de sa race et l'exil.

Pour qui ne songe pas à l'événement, la petite place de Varennes a un aspect morose; pour qui y pense, elle a un aspect sinistre.

Je crois vous l'avoir fait remarquer déjà en plus d'une occasion, la nature matérielle offre quelquefois des symbolismes singuliers. Louis XVI descendait dans ce moment-là une pente fort rapide et même dangereuse, où le maitre-cheval de ma carriole a failli s'abattre. Il y a cinq jours, je trouvais une sorte de damier gigantesque sur le champ de bataille de Montmirail. Aujourd'hui je traverse la fatale petite place triangulaire de Varennes, qui a la forme du couteau de la guillotine.

L'homme qui assistait Drouet et qui saisit là Louis XVI s'appelait Billaud. — Pourquoi pas Billot?

Varennes est à quinze lieues de Reims. Il est vrai que la place du 21 janvier est à deux pas des Tuileries. Comme ces rapprochements ont dû torturer le pauvre roi! Entre Reims et Varennes, entre le sacre et le détrônement, il n'y a que quinze lieues pour mon cocher; pour l'esprit, il y a un abime : la Révolution.

J'ai demandé gîte à une très-ancienne auberge qui a pour enseigne : *Au grand Monarque*, avec le portrait de Louis-Philippe. Probablement on a vu là tour à tour, depuis cent ans, Louis XV, Bonaparte et Charles X. Il y a quarante-huit ans, le jour où cette ville barra le passage à la voiture royale, ce qui pendait sur cette porte à la vieille branche de fer contournée, encore scellée au mur aujourd'hui, c'était sans doute le portrait de Louis XVI.

Louis XVI s'est peut-être arrêté au *Grand Monarque*, et s'est vu là peint en enseigne, roi en peinture lui-même. — Pauvre « Grand Monarque ! »

Ce matin, je me suis promené dans la ville, qui est, du reste, très-gracieusement située sur les deux bords d'une jolie rivière. Les vieilles maisons de la ville haute font un amphithéâtre fort pittoresque sur la rive droite. L'église, qui est dans la ville basse, est insignifiante. Elle est vis-à-vis de mon auberge. Je la vois de la table où j'écris. Le clocher porte cette date : 1776. Il avait deux ans de plus que Madame Royale.

Cette sombre aventure a laissé quelque trace ici, chose rare en France. Le peuple en parle encore. L'aubergiste m'a dit qu'*un monsieur de la ville en avait rédigé une comédie*. — Cela m'a rappelé que la nuit de l'évasion, on avait habillé le petit Dauphin en fille, si bien qu'il demandait à Madame Royale *si c'était pour une comédie*. C'est cette comédie-là qu'a *rédigée* le « monsieur de la ville. »

Je dois réparation à l'église, je viens de la revoir. Elle a au côté droit un charmant petit portail trilobé.

Si toutes mes architectures ne vous ennuient pas, je vous dirai que Châlons n'a pas tout à fait répondu à l'idée que je m'en faisais, la cathédrale, du moins. Chemin faisant, et pour n'y plus revenir, j'ajoute que la route d'Epernay à Châlons n'est pas non plus ce que j'attendais. On ne fait qu'entrevoir la Marne, au bord de laquelle j'ai remarqué d'ailleurs, dans les villages, deux ou trois églises romanes à clocher peu aigu, comme le clocher de Fécamp. Tout le pays n'est que plaines ; mais toujours des plaines, c'est trop beau. Il y a du reste, dans le paysage, beaucoup de moutons et beaucoup de Champenois.

Le vaisseau de la cathédrale est noble et d'une belle coupe; il reste quelques riches vitraux, une rosace entre autres : j'ai vu dans l'église une charmante chapelle de la renaissance avec l'F et la salamandre. Hors de l'église, il y a une tour romane très-sévère et très-pure et un précieux portail du quatorzième siècle. Mais tout cela est hideusement délabré; mais l'église est sale; mais les sculptures de François Ier sont emmargouillées de badigeon jaune; mais toutes les nervures des voûtes sont peinturlurées; mais la façade est une mauvaise copie de notre façade de Saint-Gervais; mais les flèches!... — On m'avait promis des flèches à jour. Je comptais sur les flèches. Et je trouve deux espèces de bonnets pointus, à jour en effet, et d'un aspect, à tout prendre, assez original, mais d'une pierre lourdement fouillée et avec des volutes mêlées aux ogives! Je m'en suis allé fort mécontent.

En revanche, si je n'ai pas trouvé ce que j'attendais, j'ai trouvé ce que je n'attendais pas, c'est-à-dire une fort belle Notre-Dame à Châlons. A quoi pensent les antiquaires? Ils parlent de Saint-Étienne, la cathédrale, et ils ne soufflent mot de Notre-Dame! La Notre-Dame de Châlons est une église romane à voûtes trapues et à robustes pleins cintres, fort auguste et fort complète, avec une superbe aiguille de charpente revêtue de plomb, laquelle date du quatorzième siècle. Cette aiguille, sur laquelle les feuilles de plomb dessinent des losanges et des écailles, comme sur une peau de serpent, est égayée à son milieu par une charmante lanterne couronnée de petits pignons de plomb, dans laquelle je suis monté. La ville, la Marne et les collines sont belles à voir de là.

Le voyageur peut admirer aussi de beaux vitraux dans Notre-Dame et un riche portail du treizième siècle. Mais, en 93, les gens du pays ont crevé les verrières et exterminé les statues du portail. Ils ont ratissé les opulentes

voussures comme on ratisse une carotte. Ils ont traité de
même le portail latéral de la cathédrale et toutes les sculptures qu'ils ont rencontrées dans la ville. Notre-Dame
avait quatre aiguilles, deux hautes et deux basses; ils en
ont démoli trois. C'est une rage de stupidité qui n'est nulle
part empreinte comme ici. La révolution française a été
terrible; la révolution champenoise a été bête.

Dans la lanterne, où je suis monté, j'ai trouvé cette
inscription gravée dans le plomb, à la main et en écriture
du seizième siècle : « *Le* 28 *août* 1580, *la paix a été pu-*
« *bliée à Châl...* »

Cette inscription, à moitié effacée, perdue dans l'ombre,
que personne ne cherche, que personne ne lit, voilà tout
ce qui reste aujourd'hui de ce grand acte politique, de ce
grand événement, de cette grande chose, la paix conclue
entre Henri III et les huguenots par l'entremise du duc
d'Anjou, précédemment duc d'Alençon. Le duc d'Anjou,
qui était frère du roi, avait des vues sur les Pays-Bas et
des prétentions à la main d'Elisabeth d'Angleterre. La
guerre intérieure avec ceux de la religion le gênait dans
ses plans. De là cette paix, cette fameuse affaire *publiée à
Châlons le* 28 *août* 1580, et oubliée dans le monde entier
le 22 juillet 1839.

L'homme qui m'a aidé à grimper d'échelle en échelle
dans cette lanterne est le guetteur de la ville, le *guettier*,
comme il s'appelle. Cet homme passe sa vie dans la guette,
petite cage qui a quatre lucarnes aux quatre vents. Cette
cage et son échelle, c'est l'univers pour lui. Ce n'est plus
un homme, c'est l'œil de la ville, toujours ouvert, toujours
éveillé. Pour s'assurer qu'il ne dort pas, on l'oblige à répé-
ter l'heure chaque fois qu'elle sonne, en laissant un inter-
valle entre l'avant-dernier coup et le dernier. Cette insom-
nie perpétuelle serait impossible; sa femme l'aide. Tous
les jours à minuit elle monte, et il va se coucher; puis il

remonte à midi, et elle redescend. Ce sont deux existences
qui accomplissent leur rotation l'une à côté de l'autre
sans se toucher autrement qu'une minute à midi et une
minute à minuit. Un petit gnome à figure bizarre, qu'ils
appellent leur enfant, est résulté de la tangente.

Châlons a trois autres églises : Saint-Alpin, Saint-Jean
et Saint-Loup. Saint-Alpin a de beaux vitraux Quant à l'hôtel de ville, il n'a de remarquable que quatre énormes tou-
tous en pierre accroupis formidablement devant la façade.
J'ai été ravi de voir des lions champenois.

A deux lieues de Châlons, sur la route de Sainte-Menehould, dans un endroit où il n'y a que des plaines, des
chaumes à perte de vue et les arbres poudreux de la route,
une chose magnifique vous apparaît tout à coup. C'est l'abbaye de Notre-Dame-de-l'Epine. Il y a là une vraie flèche
du quinzième siècle, ouvrée comme une dentelle et admirable, quoique accostée d'un télégraphe, qu'elle regarde, il
est vrai, fort dédaigneusement en grande dame qu'elle est.
C'est une surprise étrange de voir s'épanouir superbement
dans ces champs, qui nourrissent à peine quelques coquelicots étiolés, cette splendide fleur de l'architecture gothique. J'ai passé deux heures dans cette église; j'ai rôdé
tout autour par un vent terrible qui faisait distinctement
vaciller les clochetons. Je tenais mon chapeau à deux
mains, et j'admirais avec des tourbillons de poussière dans
les yeux. De temps en temps une pierre se détachait de la
flèche et venait tomber dans le cimetière à côté de moi.
Il y aurait eu là mille détails à dessiner. Les gargouilles
sont particulièrement compliquées et curieuses. Elles se
composent en général de deux monstres, dont l'un porte
l'autre sur ses épaules. Celles de l'apside m'ont paru repré-
senter les sept péchés capitaux. La Luxure, jolie paysanne
beaucoup trop retroussée, a dû bien faire rêver les pauvres
moines.

I.

Il y a tout au plus là trois ou quatre masures, et l'on aurait peine à s'expliquer cette cathédrale sans ville, sans village, sans hameau, pour ainsi dire, si l'on ne trouvait dans une chapelle fermée au loquet un petit puits fort profond, qui est un puits miraculeux, du reste fort humble, très-simple et tout à fait pareil à un puits de village, comme il sied à un puits miraculeux. Le merveilleux édifice a poussé dessus. Ce puits a produit cette église comme un oignon produit une tulipe.

J'ai continué ma route. Une lieue plus loin nous traversions un village dont c'était la fête et qui célébrait cette fête avec une musique des plus acides. En sortant du village, j'ai avisé au haut d'une colline une chétive masure blanche, sur le toit de laquelle gesticulait une façon de grand insecte noir. C'était un télégraphe qui causait amicalement avec Notre-Dame-de-l'Epine.

Le soir approchait, le soleil déclinait, le ciel était magnifique. Je regardais les collines du bout de la plaine qu'une immense bruyère violette recouvrait à moitié comme un camail d'évêque. Tout à coup je vis un cantonnier redresser sa claie couchée à terre et la disposer comme pour s'abriter dessous. Puis la voiture passa près d'un troupeau d'oies qui bavardait joyeusement. « Nous allons avoir de l'eau, » dit le cocher. En effet, je tournai la tête, la moitié du ciel derrière nous était envahie par un gros nuage noir, le vent était violent, les ciguës en fleur se courbaient jusqu'à terre, les arbres semblaient se parler avec terreur, de petits chardons desséchés couraient sur la route plus vite que la voiture, au-dessus de nous volaient de grandes nuées. Un moment après éclata un des plus beaux orages que j'aie vus. La pluie tombait à verse, mais le nuage n'emplissait pas tout le ciel. Une immense arche de lumière restait visible au couchant. De grands rayons noirs qui tombaient du nuage se croisaient avec les rayons

d'or qui venaient du soleil. Il n'y avait plus un être vivant
dans le paysage, ni un homme sur la route, ni un oiseau
dans le ciel; il tonnait affreusement, et de larges éclairs
s'abattaient par moments sur la campagne. Les feuillages
se tordaient de cent façons. Cette tourmente dura un quart
d'heure, puis un coup de vent emporta la trombe, la nuée
alla tomber en brume diffuse sur les coteaux de l'orient,
et le ciel redevint pur et calme. Seulement, dans l'inter-
valle, le crépuscule était survenu. Le soleil semblait s'être
dissous vers l'occident en trois ou quatre grandes barres
de fer rouge que la nuit éteignait lentement à l'horizon.

Les étoiles brillaient quand j'arrivai à Sainte-Menehould.

Sainte-Menehould est une assez pittoresque petite ville,
répandue à plaisir sur la pente d'une colline fort verte,
surmontée de grands arbres. J'ai vu à Sainte-Menehould
une belle chose, c'est la cuisine de l'*hôtel de Metz*.

C'est là une vraie cuisine. Une salle immense. Un des
murs occupé par les cuivres, l'autre par les faïences. Au
milieu, en face des fenêtres, la cheminée, énorme caverne qu'emplit un feu splendide. Au plafond, un noir
réseau de poutres magnifiquement enfumées, auxquelles
pendent toutes sortes de choses joyeuses, des paniers, des
lampes, un garde-manger, et au centre une large nasse
à claire-voie où s'étalent de vastes trapèzes de lard. Sous
la cheminée, outre le tourne-broche, la crémaillère et la
chaudière, reluit et petille un trousseau éblouissant d'une
douzaine de pelles et de pincettes de toutes formes et de
toutes grandeurs. L'âtre flamboyant envoie des rayons dans
tous les coins, découpe de grandes ombres sur le plafond,
jette une fraîche teinte rose sur les faïences bleues et fait
resplendir l'édifice fantastique des casseroles comme une
muraille de braise. Si j'étais Homère ou Rabelais, je dirais:

« Cette cuisine est un monde dont cette cheminée est le soleil. »

C'est un monde en effet. Un monde où se ment toute une république d'hommes, de femmes et d'animaux. Des garçons, des servantes, des marmitons, des rouliers attablés, des poêles sur des réchauds, des marmites qui gloussent, des fritures qui glapissent, des pipes, des cartes, des enfants qui jouent, et des chats, et des chiens, et le maître qui surveille. *Mens agitat molem.*

Dans un angle, une grande horloge à gaine et à poids dit gravement l'heure à tous ces gens occupés.

Parmi les choses innombrables qui pendent au plafond, j'en ai admiré une surtout le soir de mon arrivée. C'est une petite cage où dormait un petit oiseau. Cet oiseau m'a paru être le plus admirable emblème de la confiance. Cet antre, cette forge à indigestion, cette cuisine effrayante, est jour et nuit pleine de vacarme, l'oiseau dort. On a beau faire rage autour de lui, les hommes jurent, les femmes querellent. les enfants crient, les chiens aboient, les chats miaulent. l'horloge sonne, le couperet cogne, la lèchefrite piaille, le tournebroche grince, la fontaine pleure, les bouteilles sanglotent, les vitres frissonnent, les diligences passent sous la voûte comme le tonnerre; la petite boule de plume ne bouge pas. — Dieu est adorable. Il donne la foi aux petits oiseaux.

Et, à ce propos, je déclare que l'on dit généralement trop de mal des auberges, et moi-même, tout le premier, j'en ai quelquefois trop durement parlé. Une auberge, à tout prendre, est une bonne chose, et qu'on est très-heureux de trouver. Et puis j'ai remarqué qu'il y a dans presque toutes les auberges une femme admirable. C'est l'hôtesse. J'abandonne l'hôte aux voyageurs de mauvaise humeur, mais qu'ils m'accordent l'hôtesse. L'hôte est un être assez maussade. L'hôtesse est aimable. Pauvre femme ! quelquefois vieille, quelquefois malade, souvent grosse, elle va, elle vient, ébauche tout, achemine tout, complète tout, talonne les servantes, mouche les enfants, chasse les chiens, complimente les voyageurs, stimule le chef, sourit à l'un, gronde l'autre, surveille un fourneau, porte un sac de nuit, accueille celui-ci, embarque celui-là, et rayonne dans tous les sens comme l'âme. Elle est l'âme, en effet, de ce grand corps qu'on appelle l'auberge. L'hôte n'est bon qu'à boire avec des rouliers dans un coin.

En somme, grâce à l'hôtesse, l'hospitalité des auberges perd quelque chose de sa laideur d'hospitalité payée. L'hôtesse a de ces fines attentions de femme qui voilent la vénalité de l'accueil. Cela est un peu banal, mais cela agrée.

L'hôtesse de la *Ville de Metz* à Saint Menehould est une jeune fille de quinze à seize ans qui est partout et qui mène merveilleusement cette grosse machine, tout en touchant par moment du piano. L'hôte, son père, — est-ce une exception? — est un brave homme. Somme toute, c'est une auberge excellente.

Hier donc, comme je vous l'écrivais au commencement de ma lettre, j'ai quitté Sainte-Menehould. De Sainte-Menehould à Clermont, la route est ravissante Un verger continuel. Des deux côtés de la route un chaos d'arbres fruitiers dont le beau vert fait fête au soleil, et qui répandent sur le chemin leur ombre découpée en chicorées. Les villages ont quelque chose de suisse et d'allemand. Maisons de pierre blanche, à demi revêtues de planches, avec de grands toits de tuiles creuses qui débordent le mur de deux ou trois pieds. Presque des chalets. On sent le voisinage des montagnes. Les Ardennes, en effet, sont là.

Avant d'arriver au gros bourg de Clermont, on parcourt une admirable vallée où se rencontrent les frontières de la Marne et de la Meuse. La descente dans cette vallée est

magique. La route plonge entre deux collines, et l'on ne
voit d'abord au-dessous de soi qu'un gouffre de feuillages.
Puis le chemin tourne, et toute la vallée apparaît. Un
vaste cirque de collines, au milieu un beau village presque
italien, tant les toits sont plats, à droite et à gauche plusieurs autres villages sur des croupes boisées, des clochers
dans la brume qui révèlent d'autres hameaux cachés dans
les plis de la vallée comme dans une robe de velours vert,
d'immenses prairies où paissent de grands troupeaux de
bœufs, et, à travers tout cela, une jolie rivière vive qui
passe joyeusement. J'ai mis une heure à traverser cette
vallée. Pendant ce temps-là, un télégraphe qui est au bout
a figuré les trois signes que voici :

Tandis que cette machine faisait cela, les arbres bruis-
saient, l'eau courait, les troupeaux mugissaient et bêlaient,
le soleil rayonnait à plein ciel, et moi je comparais l'homme
à Dieu.

Clermont est un beau village qui est situé au-dessus
d'une mer de verdure avec son église sur sa tête, comme
le Tréport au-dessus d'une mer de vagues.

Au milieu de Clermont on tourne à gauche, et à travers
un joli paysage de plaines, de coteaux et d'eaux couran-
tes, en deux heures on arrive à Varennes. Louis XVI a
suivi cette gracieuse route.

Mon ami, en relisant cette lettre, je m'aperçois que j'ai
deux ou trois fois employé le mot *champenois* tel qu'il me
venait involontairement à la pensée, nuancé ironiquement
par je ne sais quelle acception proverbiale. Ne vous mé-
prenez pourtant pas, très-cher, sur le vrai sens que j'y at-
tache. Le proverbe, familier peut-être plus qu'il ne convient, parle de la Champagne comme madame de la Sa-

blière parlait de la Fontaine, lequel était un homme de génie bête, ainsi qu'il sied à un homme de génie qui est Champenois. Cela n'empêche pas que la Fontaine ne soit, entre Molière et Régnier, un admirable poëte, et que la Champagne ne soit, entre le Rhin et la Seine, un noble et illustre pays. Virgile pourrait dire de la Champagne comme de l'Italie :

> Alma parens frugum,
> Alma virum.

La Champagne a produit Amyot, cet autre *bonhomme* qui a répandu son air sur Plutarque comme la Fontaine a répandu le sien sur Esope; Thibaut IV, poëte presque roi qui n'eût pas mieux demandé que d'être le père de saint Louis; Robert de Sorbon, qui fut fondateur de la Sorbonne; Charlier de Gerson, qui fut chancelier de l'Université de Paris; le commandeur de Villegagnon, qui faillit donner Alger à la France dès le seizième siècle; Amadis Jamyn, Colbert, Diderot; deux peintres, Lantara et Valentin; deux sculpteurs, Girardon et Bouchardon; deux historiens, Flodoard et Mabillon; deux cardinaux pleins de génie, Henri de Lorraine et Paul de Gondi; deux papes pleins de vertu, Martin IV et Urbain IV; un roi plein de gloire, Philippe-Auguste.

Les gens qui tiennent aux proverbes et qui traduisent Sézanne par *sexdecim asini*, comme d'autres, il y a trente ans, traduisaient Fontanes par *faciunt asinos;* ces gens-là triomphent de ce que la Champagne a engendré Richelet, l'auteur du *Dictionnaire des Rimes*, et Poinsinet, l'homme le plus mystifié du siècle où Voltaire mystifia le monde. Eh bien, vous qui aimez les harmonies, qui voulez que le caractère, l'œuvre et l'esprit d'un homme soient comme le produit naturel de son pays, et qui trouvez admirable que

Bonaparte soit Corse, Mazarin Italien et Henri IV Gascon,
écoutez ceci : Mirabeau est presque Champenois, Danton l'est tout à fait. Tirez-vous de là.

Eh, mon Dieu! pourquoi Danton ne serait-il pas Champenois? Vaugelas est bien Savoyard !

Il était aussi presque Champenois, ce grand Fabert, ce
maréchal de France, fils d'un libraire, qui ne voulut jamais monter trop haut ni descendre trop bas; pur et grave
esprit, qui se tint toujours en dehors des extrémités de sa
propre fortune, et qui, successivement éprouvé par la
destinée, d'abord dans sa noblesse, puis dans sa modestie,
toujours le même devant les bassesses comme devant les
vanités qu'on lui proposait, ne repoussant pas les bassesses par orgueil et les vanités par humilité, mais répudiant
les unes et les autres par chasteté, refusa à Mazarin d'être
espion et à Louis XIV d'être cordon bleu. — Il dit à
Louis XIV : *Je suis un soldat, je ne suis pas un gentilhomme.* Il dit à Mazarin : *Je suis un bras, et non un
œil.*

C'était une puissante et robuste province que la Champagne. Le comte de Champagne était le seigneur du vi-
comte de Brie, laquelle Brie n'est elle-même, à proprement parler, qu'une petite Champagne, comme la Belgique est une petite France. Le comte de Champagne était
pair de France, et portait au sacre la bannière fleurdelisée. Il faisait lui-même royalement tenir ses Etats par sept
comtes qualifiés *pairs de Champagne,* qui étaient les
comtes de Joigny, de Rethel, de Braine, de Roucy, de
Brienne, de Grand-Pré et de Bar-sur-Seine.

Il n'est pas de ville ou de bourgade en Champagne qui
n'ait son originalité. Les grandes communes se mêlent à
notre histoire; les petites racontent toutes quelque aventure. Reims, qui a la cathédrale des cathédrales, Reims a
baptisé Clovis après Tolbiac. Troyes a été sauvé d'Attila

par saint Loup, et a vu en 878 ce que Paris n'a vu qu'en 1804, un pape sacrant en France un empereur, Jean VIII couronnant Louis le Bégue; c'est à Attigny que Pepin, maire du palais, tenait sa cour plénière d'où il faisait trembler Gaifre, duc d'Aquitaine; c'est à Andelot qu'eut lieu l'entrevue de Gontran, roi de Bourgogne, et de Childebert, roi d'Austrasie, en présence des leudes; Hincmar s'est réfugié à Epernay; Abeilard, à Provins; Héloïse, au Paraclet; il a été tenu un concile à Fismes; Langres a vu dans le bas-empire triompher les deux Gordiens, et, dans le moyen âge, ses bourgeois détruire autour d'eux les sept formidables châteaux de Changey, de Saint-Broing, de Neuilly-Coton, de Cobons, de Bourg, de Humes et de Pailly; Joinville a conclu la ligue en 1584; Châlons a défendu Henri IV en 1591; Saint-Dizier a tué le prince d'Orange; Doulevant a abrité le comte de Moret; Bourmont est l'ancienne ville forte des Lingons; Sézanne est l'ancienne place d'armes des ducs de Bourgogne; Ligny-l'Abbaye a été fondée par saint Bernard, dans les domaines du seigneur de Châtillon, auquel le saint promit, par acte authentique, *autant d'arpents dans le ciel que le sire lui en donnait sur la terre;* Mouzon est le fief de l'abbé de Saint-Hubert, qui envoyait tous les ans au roi de France « six chiens de chasse courants et six oiseaux de proie pour le vol. » Chaumont est le pays naïf où l'on espère *être diable à la Saint-Jean pour payer ses dettes;* Château-Porcien est la ville donnée par le connétable de Châtillon au duc d'Orléans; Bar-sur-Aube est la ville *que le roi ne pouvait ni vendre ni aliéner;* Clairvaux avait sa tonne comme Heidelberg; Villenauxe avait la statue de la reine pédauque; Arconville a encore le tas de pierres du huguenot, que chaque paysan grossit d'un caillou en passant; les signaux de Mont-Aigu répondaient à vingt lieues de distance à ceux de Mont-Aimé; Vassy a été brûlée deux fois, par les Romains en 211

et en 1544 par les Impériaux, comme Langres par les
Huns en 351 et par les Vandales en 407, et comme Vitry,
par Louis VII au douzième siècle et par Charles-Quint au
seizième; Sainte-Menehould est cette noble capitale de
l'Argonne, qui, vendue par un traitre au duc de Lorraine,
Charles II, ne s'est pas livrée; Carignan est l'ancienne Ivoi;
Attila a élevé un autel à Pont-le-Roi; Voltaire a eu un
tombeau à Romilly.

Vous le voyez, l'histoire locale de toutes ces villes
champenoises, c'est l'histoire de France en petits morceaux, il est vrai, mais pourtant grande encore.

La Champagne garde l'empreinte de nos vieux rois.
C'est à Reims qu'on les couronnait. C'est à Attigny que
Charles le Simple érigea en *sirerie* la terre de Bourbon.
Saint Louis et Louis XIV, le saint roi et le grand roi de
a race, ont fait tous deux leurs premières armes en Champagne : le premier, en 1228, à Troyes, dont il fit lever le
siége; le second, en 1652, à Sainte-Menehould, où il entra par la brèche. Coïncidence remarquable, l'un et l'autre
avaient quatorze ans.

La Champagne garde la trace de Napoléon. Il a écrit
avec des noms champenois les dernières pages de son prodigieux poëme : Arcis-sur-Aube, Châlons, Reims, Cham-
paubert, Sézanne, Vertus, Méry, la Fère, Montmirail. Autant de combats, autant de triomphes. Fismes, Vitry et
Doulevant ont chacune eu l'honneur d'être une fois son
quartier général, Piney-Luxembourg l'a été deux fois,
Troyes l'a été trois fois. Nogent-sur-Seine a vu en cinq
jours cinq victoires de l'empereur, manœuvrant sur la
Marne avec sa poignée de héros. Saint-Dizier en avait
déjà vu deux en deux jours. A Brienne, où il avait été
élevé par un bénédictin, il faillit être tué par un Co-
saque.

Les antiques annales de cette Gaule belgique qui est de-

venue la Champagne ne sont pas moins poétiques que les
modernes. Tous ces champs sont pleins de souvenirs; Mé-
rovée et les Francs, Aétius et les Romains, Théodoric et
les Visigoths; le mont Jules, le tombeau de Jovinus; le
camp d'Attila près de la Cheppe; les voies militaires·de
Châlons, de Gruyères et de Warcq; Voromarus, Caracalla;
Eponine et Sabinus; l'arc des deux Gordiens à Langres, la
porte de Mars à Reims; toute cette antiquité couverte
d'ombre parle, vit et palpite encore, et crie du fond des
ténèbres à chaque passant : *Sta, viator!* L'antiquité cel-
tique bégaye elle-même son murmure intelligible dans la
nuit la plus sombre de cette histoire. Osiris a été adoré à
Troyes; l'idole Borvo Tomona a laissé son nom à Bour-
bonne-les-Bains, et près de Vassy, sous les effrayants
branchages de cette forêt de Der, où la Haute-Borne est
encore debout comme le spectre d'un druide, dans les mystérieuses ruines de la Noviomagus Vadicassium, la Champagne a sa Palenqué.

Depuis les Romains jusqu'à nous, investies tour à tour
par les Alains, les Suèves, les Vandales, les Bourguignons
et les Allemands, les villes champenoises bâties dans les
plaines se sont laissé brûler plutôt que de se rendre à l'ennemi. Les villes champenoises construites sur des rochers
ont pris pour devise : *Donec moveantur.* C'est le sang de
toute la vieille *Gallia Comata*, le sang des Cattes, des Lingons, des Tricasses, des Cataloniens par qui fut vaincu le
Vandale, des Nerviens par qui fut battu Syagrius, qui coule
aujourd'hui dans les veines héroïques du paysan champenois. C'était un Champenois que ce soldat Bertèche qui à
Jemmapes tua de sa main sept dragons autrichiens. En
451, les plaines de la Champagne ont dévoré les Huns; si
Dieu avait voulu, en 1814, elles auraient dévoré les Russes.

Ne parlons donc jamais qu'avec respect de cette admirable province qui, lors de l'invasion, a sacrifié la moitié

de ses enfants à la France. La population du seul départe-
ment de la Marne, en 1813, était de trois cent onze mille
habitants; en 1830, elle n'était encore que de trois cent
neuf mille. Quinze ans de paix n'avaient pas suffi à la réparer.

Donc, pour en revenir à l'explication que j'avais besoin
de vous donner, quand on l'applique à la Champagne, le
mot *bête* change de sens. Il signifie alors seulement naïf,
simple, rude, primitif, au besoin redoutable. La bête peut
fort bien être aigle ou lion. C'est ce que la Champagne a
été en 1814.

LETTRE IV

DE VILLERS-COTTERETS A LA FRONTIÈRE

Le dernier calembour de Louis XVIII.— Dangers qu'on peut courir dans un tire-bottes. — La plaine de Soissons vue le soir.— Le voyageur regarde les étoiles — Celui qui passe contemple ce qui demeure. — I. C. — Soissons — Phrase de César. — Mot de Napoléon. — Silhouette de Saint-Jean-des-Vignes. — Le voyageur voit une voyageuse. — Sombre rencontre. — Vénus.— Paysage crépusculaire. — Ce qu'on voit de Reims en malle-poste. — La Champagne parfaitement pouilleuse. — Rethel. — Où donc est la forêt des Ardennes? — De qui le déboisement est fils. — Mézières. — Ce qu'on y cherche.—Ce qu'on y trouve. — Le miracle de la bombe. —Comment un dieu devient un saint.—Sédan. — Le voyageur se recueille et cherche des choses dans son esprit.—Une médiocre statue au lieu d'un beau château. — Sédan y perd. Turenne n'y gagne pas. — Aucune trace du Sanglier des Ardennes — Cinq lieues à pied. — Un peu de Meuse. — On court après un verre d'eau, on tombe sur un saucisson . — Un goîtreux. — Charleville. — La place ducale et la place royale.— Rocroy. — Les dialogues nocturnes qu'on entend en diligence. — Un carillon se mêle à la conversation, dans la bonne et évidente intention de désennuyer le voyageur. —Entrée à Givet.

Givet, 29 juillet.

Cette fois j'ai fait du chemin. Cher ami, je vous écris aujourd'hui de Givet, vieille petite ville qui a eu l'honneur de fournir à Louis XVIII son dernier mot d'ordre et son dernier calembour (*Saint-Denis*, *Givet*), et où je viens d'arriver à quatre heures du matin, moulu par les cahots d'un affreux chariot qu'ils appellent ici la diligence. J'ai dormi deux heures tout habillé sur un lit, le jour est venu et je vous écris. J'ai ouvert ma fenêtre pour jouir du site qu'on aperçoit de ma chambre et qui se compose de l'angle d'un toit blanchi à la chaux, d'une antique gouttière de bois pleine de mousse et d'une roue de cabriolet appuyée contre un mur. Quant à ma chambre en elle-même, c'est une grande halle meublée de quatre vastes lits, avec une immense cheminée en menuiserie, ornée à l'extérieur d'un tout petit miroir et à l'intérieur d'un tout petit fagot. Sur le fagot est posé délicatement à côté d'un balai un tire-bottes énorme et antédiluvien, taillé à la serpe par quelque menuisier en fureur. La baie fantastique pratiquée dans ce tire-bottes imite les sinuosités de la Meuse; et il est presque impossible d'en arracher son pied, si l'on a l'imprudence de l'y engager. On court risque de se promener, comme je viens de le faire, dans toute l'auberge, le tire-bottes au pied, réclamant à grands cris du secours. Pour être juste, je dois au site une petite rectification. Tout à l'heure, j'ai entendu caqueter des poules. Je me suis penché vers la cour, et j'ai vu sous ma fenêtre une charmante petite mauve de jardin tout en fleur qui prend des airs de rose trémière sur une planche portée par deux vieilles marmites.

Depuis ma dernière lettre un incident qui ne vaut pas la peine de vous être conté m'a fait brusquement rétrograder de Varennes à Villers-Cotterets, et avant-hier, après avoir congédié ma carriole de la Ferté-sous-Jouarre, j'ai pris, afin de regagner le temps perdu, la diligence pour Soissons : elle était parfaitement vide, ce qui, entre nous, ne m'a pas déplu. J'ai pu déployer à mon aise mes feuilles de Cassini sur la banquette du coupé.

. Comme j'approchais de Soissons, le soir tombait. La nuit ouvrait déjà sa main pleine de fumée dans cette ravissante vallée où la route s'enfonce après le hameau de la Folie, et promenait lentement son immense estompe sur la tour de la cathédrale et la double flèche de Saint-Jean-des-Vignes. Cependant, à travers les vapeurs qui rampaient pesamment dans la campagne, on distinguait encore ce groupe de murailles, de toits et d'édifices qui est Soissons, à demi engagé dans le croissant d'acier de l'Aisne, comme une gerbe que la faucille va couper. Je me suis arrêté un instant au haut de la descente pour jouir de ce beau spectacle. — Un grillon chantait dans un champ voisin, les arbres du chemin jasaient tout bas et tressaillaient au dernier vent du soir avant de s'assoupir; moi, je regardais attentivement avec les yeux de l'esprit une grande et profonde paix sortir de cette sombre plaine qui a vu César vaincre, Clovis régner et Napoléon chanceler. C'est que les hommes, même César, même Clovis, même Napoléon, ne sont que des ombres qui passent, c'est que la guerre n'est qu'une ombre comme eux qui passe avec eux, tandis que Dieu, et la nature qui sort de Dieu, et la paix qui sort de la nature, sont des choses éternelles.

Comptant prendre la malle de Sédan, qui n'arrive à Soissons qu'à minuit, j'avais du temps devant moi et j'avais laissé partir la diligence. Le trajet qui me séparait de Soissons n'était plus qu'une charmante promenade, que j'ai faite à pied. A quelque distance de la ville, je me suis assis près d'une jolie petite maison, qu'éclairait mollement la forge d'un maréchal ferrant allumée de l'autre côté de la route. Là j'ai religieusement regardé le ciel, qui était d'une sérénité superbe. Les trois seules planètes visibles à cette heure rayonnaient toutes les trois au sud-est, dans un espace assez restreint et comme dans le même coin du ciel. Jupiter, — notre beau Jupiter, vous savez, mon ami? — qui exécute depuis trois mois un nœud fort compliqué, faisait avec les deux étoiles entre lesquelles il est en ce moment placé une ligne droite parfaitement géométrique. Plus à l'est, Mars, rouge comme le feu et le sang, imitait la scintillation stellaire par une sorte de flamboiement farouche; et, un peu au-dessus, brillait doucement, avec son apparence de blanche et paisible étoile, cette planète-monstre, ce monde effrayant et mystérieux que nous nommons Saturne. De l'autre côté, tout au fond du paysage, un magnifique phare à feu tournant, bleu, écarlate et blanc, rayait de sa rutilation éblouissante les sombres coteaux qui séparent Noyon du Soissonnais. Au moment où je me demandais ce que pouvait faire ce phare en pleine terre, dans ces immenses plaines, je le vis quitter le bord des collines, franchir les brumes violettes de l'horizon et monter vers le zénith. Ce phare, c'était Aldebaran, le soleil tricolore, l'énorme étoile de pourpre, d'argent et de turquoise, qui se levait majestueusement dans la vague et sinistre blancheur du crépuscule.

O mon ami! quel secret y a-t-il donc dans ces astres que tous les poëtes, depuis qu'il y a des poëtes, que tous les penseurs, depuis qu'il y a des penseurs, tous les songeurs, depuis qu'il y a des songeurs, ont tour à tour contemplés, étudiés, adorés : les uns, comme Zoroastre, avec un confiant éblouissement; les autres, comme Pythagore, avec une inexprimable épouvante! Seth a nommé les étoiles comme Adam avait nommé les animaux. Les Chaldéens et les Généthliaques, Esdras et Zorobabel, Orphée, Homère et Hésiode, Cadmus, Phérécide, Xénophon, Hécatæus, Hérodote et Thucydide, tous ces yeux de la terre, depuis si longtemps éteints et fermés, se sont attachés de siècle en siècle avec angoisse à ces yeux du ciel toujours ouverts, toujours allumés, toujours vivants. Ces mêmes planètes, ces mêmes astres que nous regardons aujourd'hui, ont été

regardés par tous ces hommes. Job parle d'Orion et des
Hyades ; Platon écoutait et entendait distinctement la vague musique des sphères ; Pline croyait le soleil dieu et
imputait les taches de la lune aux fumées de la terre. Les
poëtes tartares nomment le pôle *senesticol*, ce qui veut
dire *clou de fer*. Quelques rêveurs, pris d'une sorte de
vertige, ont osé railler les constellations. *Le lion*, dit
Rocoles, *pourrait tout aussi aisément être appelé un
singe*. Pacuvius, fort peu rassuré pourtant, tâche de s'é-
tourdir et de ne point croire aux astrologues, sous prétexte qu'ils seraient égaux à Jupiter :

> Nam si qui, quæ ventura sunt, prævideant,
> Æquiparent Jovi.

Favorinus se fait cette question redoutable : *Si les causes
de tout ne sont pas dans les étoiles?* « *Si vitæ mortisque*
« *hominum rerumque humanarum omnium et ratio et*
« *causa in cœlo et apud stellas foret?* » Il croit que l'in-
fluence sidérale descend jusqu'aux mouches et aux vermis-
seaux, *muscis aut vermiculis*, et, ajoute-t-il, jusqu'aux
hérissons, *aut echinis*. Aulu-Gelle, faisant voile d'Egine au
Pirée, naviguant par une *mer clémente*, s'asseyait la nuit
sur la poupe et considérait les astres : « *Nox fuit, et cle-*
« *mens mare, et anni æstas, cœlumque liquide serenum ;*
« *sedebamus ergo in puppi simul universi, et lucentia*
« *sidera considerabamus.* » Horace lui-même, ce philoso-
phe pratique, ce Voltaire du siècle d'Auguste, plus grand
poëte, il est vrai, que le Voltaire de Louis XV, Horace fris-
sonnait en regardant les étoiles, une étrange anxiété lui
remplissait le cœur, et il écrivait ces vers presque terribles :

> Hunc solem, et stellas, et decedentia certis
> Tempora momentis, sunt qui formidine nulla
> Imbuti spectant !

Quant à moi, je ne crains pas les astres, je les aime. — Pourtant je n'ai jamais réfléchi sans un certain serrement de cœur que l'état normal du ciel, c'est la nuit. Ce que nous appelons le jour n'existe pour nous que parce que nous sommes près d'une étoile.

On ne peut toujours regarder l'immensité; l'infini écrase; l'extase est aussi religieuse que la prière, mais la prière soulage et l'extase fatigue. Des constellations mes yeux retombèrent sur le pauvre mur du paysan auquel j'étais adossé. Là encore il y avait des sujets de méditation et de pensée. Dans ce mur, le paysan qui l'avait bâti avait scellé une pierre, une vénérable pierre, sur laquelle la réverbération de la forge me permettait de reconnaître les traces presque entièrement effacées d'une inscription antique; je ne distinguais plus que deux lettres intactes, I. C.; le reste était fruste. Maintenant qu'était cette inscription? romaine, ou romane? Elle parlait de Rome, sans aucun doute, mais de quelle Rome? de la Rome païenne, ou de la Rome chrétienne? de la ville de la force, ou de la ville de la foi? Je restai longtemps l'œil fixé sur cette pierre, l'esprit abîmé dans des hypothèses sans fond. Je ne sais si la contemplation des astres m'avait prédisposé à cette rêverie, mais j'en vins à ce point de voir en quelque sorte se ranimer et resplendir sous mon regard ces deux lettres mystérieuses — J. C. — qui, la première fois qu'elles apparurent aux hommes, ont gouverné le monde, et, la seconde fois, l'ont transformé. Jules-César et Jésus-Christ!

C'est sans doute sous l'inspiration d'une idée pareille à celle qui m'absorbait en ce moment que Dante a mis ensemble dans la basse-fosse de l'enfer et fait dévorer à la fois par la gueule sanieuse de Satan le grand traître et le grand meurtrier, Judas et Brutus.

Trois villes se sont succédé à Soissons, la *Noviodunum* des Gaulois, l'*Augusta Suessonium* des Romains, et le

vieux Soissons de Clovis, de Charles le Simple et du duc-
de Mayenne. Il ne reste rien de cette *Noviodunum* qu'é-
pouvanta la rapidité de César. *Suessones*, disent les Com-
mentaires, *celeritate Romanorum permoti, legatos ad
Cæsarem de deditione mittunt*. Il ne reste de *Suessonium*
que quelques débris défigurés, entre autres le temple antique dont le moyen âge a fait la chapelle de Saint-Pierre.
Le vieux Soissons est plus riche. Il a Saint-Jean-des-Vignes,
son ancien château et sa cathédrale, où fut couronné Pepin en 752. Je n'ai pu vérifier ce qui restait des fortifications du duc de Mayenne, et si ce sont ces fortifications
qui firent dire en 1814 à l'empereur, remarquant dans
la muraille je ne sais quel coquillage fossile, gryphée ou
bélemnite, que *les murs de Soissons étaient bâtis de la
même pierre que les murs de Saint-Jean-d'Acre*. Observation bien curieuse quand on songe comment elle est
faite, par quel homme et dans quel moment.

La nuit était trop noire quand j'entrai dans Soissons
pour que je pusse y chercher Noviodunum ou Suessonium.
Je me suis contenté de souper en attendant la malle et
d'errer autour de la gigantesque silhouette de Saint-Jean-
des-Vignes, hardiment posée sur le ciel comme une déco-
ration de théâtre. Pendant que je marchais, je voyais les
étoiles paraître et disparaître aux crevasses du sombre
édifice, comme s'il était plein de gens effarés, montant,
descendant, courant partout avec des lumières.

Comme je revenais à l'auberge, minuit sonnait. Toute
la ville était noire comme un four. Tout à coup un bruit
d'ouragan se fit entendre à l'extrémité d'une rue étroite,
jusqu'à ce moment parfaitement paisible et en apparence
incapable d'aucun tapage nocturne. C'était la malle-poste
qui arrivait. Elle s'arrêta à quelques pas de mon auberge.
Il y avait précisément une place vide, tout était pour le
mieux. Ce sont vraiment de fort élégantes et fort com-

modes voitures que ces nouvelles malles; on y est assis
comme dans son fauteuil, les jambes à l'aise, avec des
oreillons à droite et à gauche si l'on ferme les yeux, et
une large vitre devant soi si on les ouvre. Au moment où
j'allais m'y installer très-voluptueusement, un vacarme
tellement étrange, mêlé de cris, de bruit de roues et de
piétinements de chevaux, éclata dans une autre petite rue
noire que, malgré le courrier, qui ne me donnait pas cinq
minutes, j'y courus en toute hâte. En entrant dans la petite rue voilà ce que j'y vis. — Au pied d'une grosse muraille, qui avait cet aspect odieux et glacial particulier aux
murs des prisons, une porte basse, cintrée, armée d'énormes verrous, était ouverte. A quelques pas de cette porte
stationnait, entre deux gendarmes à cheval, une espèce de
carriole lugubre à demi entrevue dans l'obscurité. Entre la
carriole et le guichet se débattait un groupe de quatre à
cinq hommes entraînant vers la voiture une femme qui
poussait des cris effrayants. Une lanterne sourde, portée
par un homme qui disparaissait dans l'ombre qu'elle pro-
jetait, éclairait funèbrement cette scène. La femme, une
robuste campagnarde d'une trentaine d'années, résistait
éperdument aux cinq hommes, hurlait, frappait, égrati-
gnait, mordait, et par moments un rayon de la lanterne
tombait sur sa tête échevelée et sinistre comme la figure
même du Désespoir. Elle avait saisi un des barreaux de
fer du guichet et s'y tenait cramponnée. Comme j'approchais, les hommes firent un effort violent, l'arrachèrent
du guichet et la portèrent d'un bond jusqu'à la voiture.
Cette voiture, que la lanterne éclaira alors vivement, n'a-
vait d'autre ouverture que de petits trous ronds grillés
aux deux faces latérales et une porte pratiquée à l'arrière
et fermée en dehors par de gros verrous. L'homme au fa-
lot tira les verrous, la portière s'ouvrit, et l'intérieur de la
carriole apparut brusquement. C'était une espèce de boîte,

sans jour et presque sans air, divisée en deux comparti-
ments oblongs par uné épaisse cloison qui la coupait
transversalement. La portière unique était disposée de manière qu'une fois verrouillée elle revenait toucher la cloison du haut en bas et fermait à la fois les deux comparti-
ments. Aucune communication n'était possible entre les
deux cellules, garnies, pour tout siége, d'une planche
percée d'un trou. La case de gauche était vide; mais celle
de droite était occupée. Il y avait là, dans l'angle, à demi
accroupi comme une bête fauve, posé en travers sur le
banc faute d'espace pour ses genoux, un homme, — si cela
peut s'appeler encore un homme, — une espèce de spectre au visage carré, au crâne plat, aux tempes larges, aux
cheveux grisonnants, aux membres courts, poilus et trapus, vêtu d'un vieux pantalon de toile trouée et d'un haillon qui avait été un sarrau. Le misérable avait les deux
jambes étroitement liées par des nœuds redoublés qui
montaient presque jusqu'aux jarrets. Son pied droit disparaissait dans un sabot; son pied gauche déchaussé était
enveloppé de linges ensanglantés qui laissaient voir d'horribles doigts meurtris et malades. Cet être hideux man-
geait paisiblement un morceau de pain noir. Il ne parais-
sait faire aucune attention à ce qui se passait autour de
lui. Il ne s'interrompit même pas pour voir la malheureuse
compagne qu'on lui amenait. Elle, cependant, la tête renversée en arrière, résistant toujours aux argousins qui s'ef-
forçaient de la pousser dans le compartiment vide, continuait de crier : « Je ne veux pas ! jamais ! jamais !
Tuez-moi plutôt ! » Elle n'avait pas encore vu l'autre. Tout
à coup, dans une de ses convulsions, ses yeux tombèrent
dans la voiture et aperçurent dans l'ombre l'affreux pri-
sonnier. Alors ses cris cessèrent subitement, ses genoux
ployèrent, elle se détourna en tremblant de tous ses membres, et à peine eut-elle la force de dire avec une voix

éteinte, mais avec une expression d'angoisse que je n'oublierai de ma vie : « Oh! cet homme! »

En ce moment-là l'homme la regarda d'un air farouche et stupide, comme un tigre et un paysan qu'il était. — J'avoue qu'ici je n'y pus résister. Il était clair que c'était une voleuse, peut-être même quelque chose de pis, que la gendarmerie transférait d'un lieu à l'autre dans un de ces odieux véhicules que les gamins de Paris appellent métaphoriquement *paniers à salade;* mais enfin c'était une femme. Je crus devoir intervenir, et j'interpellai les argousins. Ils ne se détournèrent même pas; seulement, un digne gendarme, qui eût certainement demandé ses papiers à don Quichotte, profita de l'occasion pour me sommer d'exhiber mon passe-port. Justement je venais de remettre ce chiffon au courrier de la malle. Pendant que je m'expliquais avec le gendarme, les guichetiers firent un dernier effort, plongèrent la femme à demi morte dans la carriole, fermèrent la portière, poussèrent les verrous ; et, à l'instant où je me tournais vers eux, il n'y avait plus dans la rue que le retentissement des roues de la voiture et du galop de l'escorte qui s'enfonçaient ensemble à grand bruit dans les ténèbres.

Un instant après je galopais moi-même sur la route de Reims, traîné dans une excellente voiture par quatre excellents chevaux. Je songeais à cette malheureuse femme, et je comparais avec un serrement de cœur mon voyage au sien.

C'est au milieu de ces idées-là que je me suis assoupi.

Quand je me suis éveillé, l'aube commençait à faire revivre les arbres, les prairies, les collines, les buissons de la route, toutes ces choses paisibles dont nos diligences et nos malles-postes traversent si brutalement le sommeil. Nous étions dans une charmante vallée, probablement la vallée de Braisne-sur-Vesle. Un vague souffle parfumé flot-

tait sur les coteaux encore noirs. Vers l'orient, à l'extrémité nord de la lueur crépusculaire, tout près de l'horizon,
dans un milieu limpide, bleu, sombre, éblouissant, mélange ineffable de perle, de saphir et d'ombre, Vénus res-
plendissait, et son rayonnement magnifique versait sur les
champs et les bois confusément entrevus une sérénité, une
grâce et une mélancolie inexprimables. C'était comme un
œil céleste amoureusement ouvert sur ce beau paysage
endormi.

La malle-poste traverse Reims au galop, sans aucun respect pour la cathédrale. A peine, en passant, aperçoit-on,
par-dessus les pignons d'une rue étroite, deux ou trois
lancettes du chevet, l'écusson de Charles VII et la belle
flèche des Suppliciés, debout sur l'apside.

De Reims à Rethel, rien. — La Champagne pouilleuse,
à laquelle juillet vient de couper ses cheveux d'or; de
grandes plaines jaunes et nues, immenses et molles vagues
de terre au sommet desquelles frissonnent, comme une
écume végétale, quelques broussailles misérables; de
temps en temps, au fond du paysage, un moulin qui
tourne lentement et comme accablé par le soleil de midi.
ou, au bord de la route, un potier qui fait sécher sur des
planches, au seuil de sa chaumière, quelques douzaines de
pots à fleurs ébauchés.

Rethel se répand gracieusement du haut d'une colline
jusque sur l'Aisne, dont les bras coupent la ville en deux
ou trois endroits. Du reste, il n'y a plus rien là qui annonce l'ancienne résidence princière d'un des sept comtes-
pairs de la Champagne. Les rues sont des rues de gros
bourg plutôt que des rues de ville. L'église est d'un profil
médiocre.

De Rethel à Mézières, la route gravit ces vastes gradins
par lesquels le plateau de l'Argonne se rattache au plateau
supérieur de Rocroy. Les grands toits d'ardoise, les faça-

des blanchies à la chaux, les parements de bois qui défen-
dent contre les pluies le côté nord des maisons, donnent
aux villages un aspect particulier. De temps en temps les
premières croupes des monts Faucilles, qui apparaissent
au sud-est, relèvent la ligne de l'horizon. Du reste, peu ou
point de forêts. A peine voit-on çà et là dans le lointain
quelques collines chevelues. Le déboisement, ce fils bâtard
de la civilisation, a fort tristement dévasté la vieille bauge
du Sanglier des Ardennes.

Je cherchais des yeux, en arrivant à Mézières, quelques
anciennes tours à demi ruinées du château saxon de Hellebarde; je n'y ai trouvé que les zigzags froids et durs d'une
citadelle de Vauban. En revanche, en regardant dans les
fossés, j'ai aperçu, à différents endroits, des restes assez
beaux, quoique démantelés, de la muraille attaquée par
Charles-Quint et défendue par Bayard. L'église de Mézières
a une réputation de vitraux. J'ai profité, pour la visiter, de
la demi-heure que la malle-poste accorde aux voyageurs
pour déjeuner. Les verrières ont dû être belles en effet; il
en reste à l'apside quelques fragments tristement noyés
dans de larges fenêtres de vitres blanches. Mais ce qui est
remarquable, c'est l'église elle-même, qui est du quinzième siècle, et d'une jolie masse, avec des baies à meneaux flamboyants et un charmant porche adossé au portail méridional. On a scellé sur deux piliers, à droite et à
gauche du chœur, deux bas-reliefs du temps de Charles VIII,
malheureusement barbouillés de chaux et mutilés. Toute
l'église est badigeonnée en jaune avec nervures et clefs de
voûte de couleurs variées. C'est fort bête et fort laid. En
me promenant dans le bas-côté nord de l'apside, j'ai
aperçu sur le mur une inscription qui rappelle que Mézières fut cruellement assaillie et bombardée par les Prussiens
en 1815. Au-dessous de l'inscription, on a ajouté ces deux
lignes en latin quelconque : *Lector, leva oculos ad for-*

nicem et vide quasi quoddam divinæ manus indicium.
J'ai levé les yeux *ad fornicem*, et j'ai vu une large déchirure à la voûte au-dessus de ma tête. Dans cette déchirure
une grosse bombe se tient suspendue à des saillies de la
pierre par ses oreillons, que je distinguai parfaitement.
C'est une bombe prussienne qui, après avoir percé le toit
de l'église, les charpentes et les massifs de maçonnerie,
s'est arrêtée ainsi comme par miracle au moment de tomber sur le pavé. Depuis vingt-cinq ans, elle est restée là
comme Dieu l'y a accrochée. Autour de la bombe, on voit
pêle-mêle des briques brisées, des moellons, des plâtras,
les entrailles de la voûte. Cette bombe et cette plaie
béante au-dessus de la tête des passants font un étrange
effet. L'effet est plus singulier encore, par tous les rapprochements qui viennent à l'esprit, quand on songe que c'est
précisément sur Mézières que furent jetées en 1521 les
premières bombes dont la guerre se soit servie. De l'autre
côté de l'église, une autre inscription constate que les
noces de Charles IX avec Elisabeth d'Autriche furent « heureusement célébrées, » *feliciter celebrata fuere*, dans l'é-
glise de Mézières, le 17 novembre 1570, — deux ans avant
la Saint-Barthélemy.

Le grand portail est justement de cette même époque,
et par conséquent d'un beau et noble goût. Par malheur,
c'est une de ces façades tardives du seizième siècle qui
n'ont achevé leur croissance que dans le dix-septième. Le
clocher n'a poussé qu'en 1626. Il est impossible de rien
voir qui soit plus gauche et plus lourd, si ce n'est les clochers qu'on bâtit en ce moment aux diverses églises neuves
de Paris.

Du reste, Mézières a de grands arbres sur ses remparts,
des rues propres et tristes que les dimanches et fêtes doivent avoir grand'peine à égayer, et rien ne rappelle dans
· la ville ni Hellebarde et Garinus qui l'ont fondée, ni la

comte Balthazar qui l'a saccagée, ni le comte Hugo qui l'a
anoblie, ni les archévêques Foulques et Adalbéron qui
l'ont assiégée. Le dieu Macer, qui a donné son nom à Mé-
ziéres, est devenu *saint Masert* dans les chapelles de l'é-
glise.

Aucun monument, aucun édifice architectural dans Sédan, où j'arrivai vers midi. De jolies femmes, de beaux
carabiniers, des arbres et des prairies le long de la Meuse,
des canons, des ponts-levis et des bastions, voilà Sédan.
C'est un de ces endroits où l'air sévère des villes-cita-
delles se mêle bizarrement à l'air joyeux des villes-garni-
sons. J'aurais voulu trouver à Sédan des vestiges de M. de
Turenne; il n'y en a plus. Le pavillon où il est né a été
démoli et remplacé par une pierre noire avec cette inscription en lettres dorées :

ICI NAQUIT TURENNE
Le 11 septembre 1611.

Cette date, qui étincelait sur cette pierre sombre, m'a
frappé. J'ai recueilli dans ma pensée tout ce qu'elle me
rappelait. En 1611, Sully se retirait. Henri IV avait été
assassiné l'année précédente. Louis XIII, qui devait mourir
un 14 mai comme son père, avait dix ans. Anne d'Autriche, sa femme, avait le même âge, avec cinq jours de
moins que lui. Richelieu était dans sa vingt-sixième année.
Quelques bons bourgeois de Rouen appelaient le *petit
Pierre* celui que l'univers a nommé plus tard le *grand
Corneille;* il avait cinq ans. Shakspeare et Cervantes vivaient encore. Brantôme et Pierre Mathieu vivaient aussi.
Elisabeth d'Angleterre était morte depuis huit ans; et depuis sept ans Clément VIII, *pape pacifique et bon Français,* comme dit l'Etoile. En 1611 mouraient Papirio

Masson et Jean Busée; l'empereur Rodolphe déclinait; Gustave-Adolphe succédait à Charles IX de Suède, le roi visionnaire; Philippe III chassait les Maures d'Espagne, malgré l'avis du duc d'Ossuña, et l'astronome hollandais Jean Fabricius découvrait les taches du soleil. — Voilà ce qui se passait dans le monde pendant que Turenne naissait.

Du reste, Sédan n'a pas été une pieuse gardienne de cette noble mémoire. Le pavillon natal de M. de Turenne a été jeté en bas comme je viens de vous le dire; son château a été rasé.

Je n'ai pas eu le courage d'aller voir à Bazeilles si quelque paysan propriétaire n'a pas fait arracher l'allée d'arbres qu'il avait plantée. Au lieu de tout cela, la grande place de Sédan donne au visiteur une assez médiocre statue en bronze de Turenne, laquelle ne m'a pas consolé du tout. Cette statue, ce n'est que de la gloire. La chambre où il est né, le château où il a vécu, les arbres qu'il a plantés, c'étaient des souvenirs.

Point de souvenirs non plus, et à plus forte raison, de Guillaume de La Marck, cet effrayant prédécesseur de Turenne dans les annales de Sédan. Chose remarquable, et qu'il faut dire en passant : dans un temps donné, par le seul progrès naturel des choses et des idées, la ville du Sanglier des Ardennes se modifie à tel point qu'elle produit Turenne.

Après avoir fort bien déjeuné dans un excellent lieu qu'on appelle *l'hôtel de la Croix-d'Or*, rien ne me retenait plus à Sédan; je me suis décidé à regagner Mézières pour y prendre la voiture de Givet. Il y a cinq lieues, mais cinq lieues très-pittoresques. Je les ai faites à pied, suivi d'un jeune gaillard basané et pieds nus qui portait allégrement mon sac de nuit. La route suit presque toujours à mi-côte la vallée de la Meuse. On rencontre, à une

lieue de Sédan, Donchery avec son vieux pont de bois et
ses beaux arbres; puis ce sont des villages riants, de jolis
châtelets à poivrières enfouis dans des massifs de verdure, de grandes prairies où des troupeaux de bœufs paissent au soleil, la Meuse qu'on perd et qu'on retrouve. Il
faisait le plus beau temps du monde, c'était charmant. A
mi-chemin, j'avais très-chaud et grand' soif; je cherchais
de tous côtés une maison pour y demander à boire. Enfin
j'en aperçois une. J'y cours, espérant un cabaret, et je lis
au-dessus de la porte cette enseigne : BERNIER-HANNAS,
marchand d'avoine et charcutier. Sur un banc, à côté de
la porte, il y avait un goîtreux. Les goîtres abondent dans
le pays. Je n'en suis pas moins entré bravement chez le
charcutier marchand d'avoine, et j'ai bu avec beaucoup de
plaisir un verre de l'eau qui avait fait ce goîtreux.

A six heures du soir j'arrivais à Mézières; à sept
heures je partais pour Givet, fort maussadement em-
boîté dans un coupé bas, étroit et sombre, entre un
gros monsieur et une grosse dame, le mari et la femme,
qui se parlaient tendrement par-dessus moi. La dame
appelait son mari *mon pauvre chiat*. Je ne sais pas
si son intention était de l'appeler *mon pauvre chien*
ou *mon pauvre chat*. En traversant Charleville, qui n'est
qu'à une portée de canon de Mézières, j'ai remarqué la
place centrale, qui a été bâtie en 1605, dans un fort grand
style, par Charles de Gonzague, duc de Nevers et de Man-
toue, et qui est la vraie sœur de notre place Royale de Paris. Ce sont les mêmes maisons à arcades, à façades de
briques et à grands toits. Puis, comme la nuit venait,
n'ayant rien de mieux à faire, j'ai dormi; mais d'un sommeil violent, d'un sommeil secoué et horrible, entre les
ronflements du gros homme et les geignements de la grosse
femme. J'étais réveillé de temps en temps quand on chan-
geait de chevaux par de brusques lanternes appliquées à la

vitre et par des dialogues comme celui-ci : « Dis donc,
« hée! — dis donc, hée! — Qu'est-ce que c'est que cette
rosse-là? Je n'en veux pas. C'est le gigoteur. — Et monsieur Simon? où est monsieur Simon? — Monsieur Simon? bah! il travaille. Il travaille toujours. Il travaille
pire qu'un malsenaire. » Une autre fois, la voiture était
arrêtée, on relayait. J'ai ouvert les yeux, il faisait un
grand vent, le ciel était sombre, un immense moulin
tournait sinistrement au-dessus de nos têtes et semblait
nous regarder avec ses deux lucarnes allumées comme
avec des yeux de braise. Une autre fois encore, des soldats
entouraient la diligence, un gendarme demandait les passe-
ports, on entendait le bruit des chaines d'un pont-levis,
un réverbère éclairait des tas de boulets au pied d'un gros
mur noir, la gueule d'un canon touchait la voiture; nous
étions à Rocroy. Ce nom m'a tout à fait réveillé. Quoique
cela ne puisse pas s'appeler *voir Rocroy*, j'ai eu un certain
plaisir à songer que je venais de traverser, dans la même
journée et à si peu d'heures de distance, ces deux lieux
héroïques, Rocroy et Sédan. Turenne est né à Sédan; on
pourrait dire que Condé est né à Rocroy.

Cependant les deux gros êtres mes voisins causaient entre eux et se racontaient l'un à l'autre, comme dans les
expositions des pièces mal faites, des choses qu'ils savaient
fort bien tous les deux : — *Qu'ils n'avaient point passé à
Rocroy depuis 1818. Vingt-deux ans! — que M. Crochard, le secrétaire de la sous-préfecture, était leur ami
intime; — que, comme il était minuit, il devait être
couché, ce bon monsieur Crochard, etc...* La dame assai-
sonnait ces intéressantes révélations de locutions bizarres
qui lui étaient familières; ainsi elle disait : *Egoïste comme
un vieux lièvre; la fortune du pauvre* au lieu de *la fortune du pot.* Le monstrueux bonhomme, son mari, faisait
de son côté des calembours comme celui-ci : *On dit que*

c'est un lieu commun (comme un), moi, je dis que c'est un lieu comme trois, ou des proverbes travestis comme celui-là : *Vends-ta-femme-et-n'aie-point-d'oreilles.* Puis il riait avec bonté.

La voiture était repartie, mes deux voisins causaient encore. Je faisais beaucoup d'efforts pour ne pas entendre leur conversation, et je tâchais d'écouter les grelots des chevaux, le bruit des roues sur le pavé et des moyeux sur les essieux, le grincement des écrous et des vis, le frémissement sonore des vitres, lorsque tout à coup un ravissant carillon est venu à mon secours, un carillon fin, léger, cristallin, fantastique, aérien, qui a éclaté brusquement dans cette nuit noire, nous annonçant la Belgique, cette terre des étincelantes sonneries, et prodiguant sans fin son badinage moqueur, ironique et spirituel, comme s'il reprochait à mes deux lourds voisins leur stupide bavardage.

Ce carillon, qui m'eût réveillé, les a endormis. Je présume que nous devions être à Fumay, mais la nuit était trop obscure pour rien distinguer. Il m'a fallu donc passer, sans rien voir, près des magnifiques ruines du château d'Hierches et de ces beaux rochers à pic qu'on appelle les *Dames de Meuse.* De temps en temps, au fond d'un précipice plein de vapeur, j'apercevais, comme par un trou dans une fumée, quelque chose de blanchâtre : c'était la Meuse.

Enfin, comme les premières lueurs de l'aube paraissaient, un pont-levis s'est abaissé, une porte s'est ouverte, la diligence s'est engagée au grand trot dans une espèce de long défilé formé à gauche par un noir rocher à pic, et à droite par un édifice long, bas, interminable, étrange, en apparence inhabité, percé de part en part d'une multitude de portes et de fenêtres qui m'ont semblé toutes ouvertes, sans battants, sans volets, sans châssis et sans vitres, me

laissant voir à travers cette sombre et fantastique maison le crépuscule qui étamait déjà le bord du ciel de l'autre côté de la Meuse. A l'extrémité de ce logis singulier, il
y avait une seule fenêtre fermée et faiblement éclairée.
Puis la voiture a passé rapidement devant une grosse tour
d'un fort beau profil, s'est enfoncée dans une rue étroite,
a tourné dans une cour, des servantes d'auberge sont ac-
courues avec des chandelles et des garçons d'écurie avec
des lanternes; j'étais à Givet.

LETTRE V

GIVET

Les deux Givet. — Dissertation sur les architectes et les cruches à propos des clochers flamands. — Givet le soir. — Paysage. — La tour du Petit-Givet. — *Jose Gutierez*. — Ce qu'on peut trouver dans trente-deux lettres. — Ce qu'on peut voir sur l'impériale de la diligence Van Gend.

Dans une auberge sur la route, 1er août.

C'est une jolie ville que Givet, propre, gracieuse, hospitalière, située sur les deux rives de la Meuse, qui la divise en grand et petit Givet, au pied d'une haute et belle muraille de rochers dont les lignes géométriques du fort de Charlemont gâtent un peu le sommet. L'auberge, qu'on appelle l'hôtel du Mont-d'Or, y est fort bonne, quoiqu'elle soit unique et qu'elle puisse par conséquent loger les passants n'importe comment et leur faire manger n'importe quoi.

Le clocher du petit Givet est une simple aiguille d'ardoise ; quant au clocher du grand Givet, il est d'une architecture plus compliquée et plus savante. Voici évidemment comment l'inventeur l'a composé. Le brave architecte a pris un bonnet carré de prêtre ou d'avocat. Sur ce bonnet carré il a échafaudé un saladier renversé ; sur le fond de ce saladier devenu plate-forme il a posé un sucrier ; sur le sucrier, une bouteille ; sur la bouteille, un soleil emmanché dans le goulot par le rayon inférieur vertical ; et enfin, sur le soleil, un coq embroché dans le rayon vertical supérieur. En supposant qu'il ait mis un jour à trouver chacune de ces six idées, il se sera reposé le septième jour.

Cet artiste devait être Flamand.

Depuis environ deux siècles, les architectes flamands se sont imaginé que rien n'était plus beau que des pièces de vaisselle et des ustensiles de cuisine élevés à des proportions gigantesques et titaniques. Aussi, quand on leur a donné des clochers à bâtir, ils ont vaillamment saisi l'occasion et se sont mis à coiffer leurs villes d'une foule de cruches colossales.

La vue de Givet n'en est pas moins charmante, surtout quand on s'arrête vers le soir, comme j'ai fait, au milieu du pont, et qu'on regarde au midi. La nuit, qui est le plus grand des cache-sottises, commençait à voiler le contour absurde du clocher. Des fumées suintaient de tous les toits. A ma gauche, j'entendais frémir avec une douceur infinie de grands ormes au-dessus desquels la clarté vespérale faisait vivement saillir une grosse tour du onzième siècle qui domine à mi-côte le petit Givet. A ma droite une autre vieille tour, à faîtage conique, mi-partie de pierre et de brique, se reflétait tout entière dans la Meuse, miroir éclatant et métallique qui traversait tout ce sombre paysage. Plus loin, au pied de la redoutable roche de Charlemont, je distinguais, comme une ligne blanchâtre, ce long édifice que j'avais vu la veille en entrant et qui est tout simplement une caserne inhabitée. Au-dessus de la ville, au-dessus des tours, au-dessus du clocher surgissait à pic une immense paroi de rochers qui se prolongeait à perte de vue jusqu'aux montagnes de l'horizon et enfermait le regard comme dans un cirque. Tout au fond,

dans un ciel d'un vert clair, le croissant descendait lentement vers la terre, si fin, si pur et si délié, qu'on eût
dit que Dieu nous laissait entrevoir la moitié de son an-
neau d'or.

Dans la journée, j'avais voulu visiter cette vénérable
tour qui tenait jadis en respect le petit Givet. Le sentier
est âpre et occupe autant les mains que les pieds; il faut
un peu escalader le rocher, lequel est de granit fort beau
et fort dur. Arrivé, non sans quelque peine, au pied de la
tour qui tombe en ruines et dont les baies romanes ont
été défoncées, je l'ai trouvée barricadée par une porte ornée d'un gros cadenas. J'ai appelé, j'ai frappé, personne
n'a répondu. Il m'a fallu descendre comme j'étais monté.
Cependant mon ascension n'a pas été tout à fait perdue.
En tournant autour de la vieille masure dont le parement
est presque complétement écorcé, j'ai remarqué, parmi les
décombres qui s'écroulent chaque jour en poussière dans
la ravine, une assez grosse pierre où l'on pouvait distinguer encore des vestiges d'inscription. J'ai regardé attentivement; il ne restait plus de l'inscription que quelques
lettres déchiffrables. — Voici dans quel ordre elles étaient
disposées :

LOQVE...SA.L.OMBRE
PARAS....MODI.SL.
ACAV.P.....SOTROS.

Ces lettres, profondément creusées dans la pierre, semblaient avoir été tracées avec un clou; et un peu au-dessous, le même clou avait gravé cette signature restée intacte : — IOSE GVTIEREZ, 1643. J'ai toujours eu le goût des
inscriptions. J'avoue que celle-ci m'a beaucoup occupé.
Que signifiait-elle ? En quelle langue était-elle ? Au premier abord, en faisant quelques concessions à l'orthographe, on pouvait la croire écrite en français et y lire ces

mots absurdes : *Loque sale*, — *Ombre.* — *Parasol.* — *Modis* (maudis) *la cave.* — *Sot. Rosse.* Mais on ne pouvait former ces mots qu'en ne tenant aucun compte des lettres effacées, et d'ailleurs il me semblait que la grave signature castillane, *Jose Gutierez*, était là comme une protestation contre ces pauvretés. En rapprochant cette signature du mot *para* et du mot *otros*, qui sont espagnols, j'en ai conclu que cette inscription devait être écrite en castillan, et, à force d'y réfléchir, voici comment j'ai cru pouvoir la restituer :

LO QUE EMPESA EL HOMBRE
PARA SIMISMO DIOS LE
ACAVA PARA LOS OTROS.

« Ce que l'homme commence pour lui, Dieu l'achéve pour les autres, »

Ce qui me semble vraiment une fort belle sentence, tres-catholique, très-triste et très-castillane. Maintenant, qu'était ce Gutierez? La pierre était évidemment arrachée de l'intérieur de la tour. 1643, c'est la date de la bataille de Rocroy. Jose Gutierez était-il un des vaincus de cette bataille? Y avait-il été pris? L'avait-on enfermé là? Lui avait-on laissé le loisir d'écrire dans son cachot ce mélancolique résumé de sa vie et de toute vie humaine? — Ces suppositions sont d'autant plus probables qu'il a fallu, pour graver une aussi longue phrase dans le granit avec un clou, toute cette patience des prisonniers qui se compose de tant d'ennui. Et puis qui avait mutilé cette inscription de la sorte? — Est-ce tout simplement le temps et le hasard? — Est-ce un mauvais plaisant? — Je penche pour cette dernière hypothèse. Quelque goujat, de méchant perruquier devenu mauvais soldat, aura été enfermé disciplinairement dans cette tour et aura cru faire montre d'esprit en tirant un sens ridicule de la grave lamentation

de l'hidalgo. D'un visage il a fait une grimace. — Aujour-
d'hui le goujat et le gentilhomme, le gémissement et la
facétie, la tragédie et la parodie, roulent ensemble pêle-
mêle sous le pied du même passant, dans la même broussaille, dans le même ravin, dans le même oubli!

Le lendemain, à cinq heures du matin, cette fois fort
bien placé tout seul sur la banquette de la diligence Van
Gend, je sortais de France par la route de Namur et je
gravissais la première croupe de la seule chaîne de hautes
collines qu'il y ait en Belgique; car la Meuse, en s'obsti-
nant à couler en sens inverse de l'abaissement du plateau
des Ardennes, a réussi à creuser une vallée profonde dans
cette immense plaine qu'on appelle les Flandres; plaine
où l'homme a multiplié les forteresses, la nature lui ayant
refusé les montagnes.

Après une ascension d'un quart d'heure, les chevaux
déjà essoufflés, et le conducteur belge déjà altéré, se sont
arrêtés d'un commun accord et avec une unanimité tou-
chante devant un cabaret, dans un pauvre village pittoresque, répandu des deux côtés d'un large ravin qui dé-
chire la montagne. Ce ravin, qui est tout à la fois le lit
d'un torrent et la grande rue du village, est naturellement
pavé du granit du mont mis à nu. Au moment où nous y
passions, six chevaux, attelés de chaînes, montaient ou
plutôt grimpaient le long de cette rue étrange et affreusement escarpée, traînant après eux un grand chariot vide
à quatre roues. Si le chariot eût été chargé, il eût fallu
vingt chevaux ou plutôt vingt mules. Je ne vois pas trop à
quoi peut servir ce chariot dans ce ravin, si ce n'est à faire
faire des esquisses improbables aux pauvres jeunes peintres hollandais qu'on rencontre çà et là sur cette route, le
sac sur le dos et le bâton à la main.

Que faire sur la banquette d'une diligence à moins qu'on
ne regarde? — J'étais admirablement situé pour cela. J'a-

vais sous les yeux un grand morceau de la vallée de la
Meuse; au sud, les deux Givet gracieusement liés par leur
pont; à l'ouest, la grosse tour ruinée d'Agimont, se com-
posant avec sa colline et jetant derrière elle une immense
ombre pyramidale; au nord, la sombre tranchée dans laquelle s'enfonce la Meuse et d'où montait une lumineuse
vapeur bleue. Au premier plan, à deux enjambées de ma
banquette, dans la mansarde du cabaret, une jolie paysanne,
assise en chemise sur son lit, s'habillait prés de sa fenêtre toute grande ouverte, laquelle laissait entrer à la fois
les rayons du soleil levant et les regards des voyageurs
quelconques juchés sur les impériales des diligences. Au-
dessus de cette mansarde, dans le lointain, comme couronnement aux frontières de France, se développaient sur
une ligne immense les formidables batteries de Charlemont.

Pendant que je contemplais ce paysage, la paysanne leva
les yeux, m'aperçut, sourit, me fit un gracieux signe de
tête, ne ferma pas sa fenêtre et continua lentement sa
toilette.

LETTRE VI

LES BORDS DE LA MEUSE.—DINANT. NAMUR.

Paysage de la Meuse. — La Lesse. — La Roche à Bayard. — Dinant.—Choses inconvenantes que fait une petite bonne femme
en terre cuite. — Encore les clochers, les cruches et les architectes. — Châteaux ruinés. Prière des morts aux vivants.
— Idées que les belles filles perchées sur les arbres donnent
aux voyageurs juchés sur les impériales.—Souvenirs poétiques
à propos de Namur et du prince d'Orange.—Ce qu'enseignent
les enseignes.

Liége, 3 août.

Je viens d'arriver à Liége par une délicieuse route qui
suit tout le cours de la Meuse depuis Givet. Les bords de
la Meuse sont beaux et jolis. Il est étrange qu'on en parle
si peu. Les voici en raccourci.

Après le village, le cabaret et la paysanne qui s'habille
au soleil levant, on rencontre une montée qui m'a rappelé
le Val-Suzon près de Dijon, et où la route, repliée à chaque instant sur elle-même, se tord pendant trois quarts
d'heure au milieu d'une forêt, sur de profonds ravins
creusés par des torrents. Puis on aborde un plateau où
l'on court rapidement avec de grandes campagnes plates
à perte de vue autour de soi; on pourrait se croire en
pleine Beauce, quand tout à coup le sol se crevasse affreu-

sement à quelques pas à gauche. De la route, l'œil plonge
au bas d'une effrayante roche verticale, le long de laquelle
la végétation seule peut grimper. C'est un brusque et horrible précipice de deux ou trois cents pieds de profondeur.
Au fond de ce précipice, dans l'ombre, à travers les broussailles du bord, on aperçoit la Meuse avec quelque galiote
qui voyage paisiblement, remorquée par des chevaux, et
au bord de la rivière un joli châtelet rococo qui a l'air
d'une pâtisserie maniérée ou d'une pendule du temps de
Louis XV, avec son bassin lilliputien et son jardinet-
pompadour dont on embrasse toutes les volutes, toutes les
fantaisies et toutes les grimaces d'un coup d'œil. Rien de
plus singulier que cette petite chinoiserie dans cette grande
nature. On dirait une protestation criarde du mauvais
goût de l'homme contre la poésie sublime de Dieu.

Puis on s'écarte du gouffre, et la plaine recommence,
car le ravin de la Meuse coupe ce plateau à vif et à pic,
comme une ornière coupe un champ.

Un quart de lieue plus loin on enraye; la route va re-
joindre la rivière par une pente escarpée. Cette fois l'a-
bîme est charmant. C'est un tohubohu de fleurs et de
beaux arbres éclairés par le ciel rayonnant du matin. Des
vergers entourés de haies vives montent et descendent
pêle-mêle des deux côtés du chemin. La Meuse, étroite et
verte, coule à gauche profondément encaissée dans un
double escarpement. Un pont se présente; une autre rivière, plus petite et plus ravissante encore, vient se jeter
dans la Meuse : c'est la Lesse; et à trois lieues, dans cette
gorge qui s'ouvre à droite, est la fameuse grotte de Han-
sur-Lesse. La voiture passe outre et s'éloigne. Le bruit
des moulins à eau de la Lesse se perd dans la montagne.
La rive gauche de la Meuse s'abaisse gracieusement ourlée
d'un cordon non interrompu de métairies et de villages ;
la rive droite grandit et s'élève ; le mur de rochers en-

vahit et rétrécit la route; les ronces du bord frissonnent
dans le vent et dans le soleil, à deux cents pieds au-dessus
de nos têtes. Tout à coup un grand rocher pyramidal, ai-
guisé et hardi comme une flèche de cathédrale, apparait à
un tournant du chemin, « C'est la *Roche à Bayard,* » me dit
le conducteur. La route passe entre la montagne et cette
borne colossale, puis elle tourne encore, et, au pied d'un
énorme bloc de granit couronné d'une citadelle, l'œil
plonge dans une longue rue de vieilles maisons, rattachée
à la rive gauche par un beau pont et dominée à son extrémité par les faîtages aigus et les larges fenêtres à meneaux flamboyants d'une église du quinzième siècle. C'est
Dinant.

On s'arrête à Dinant un quart d'heure, juste assez de
temps pour remarquer dans la cour des diligences un petit jardin qui seul suffirait pour vous avertir que vous êtes
en Flandre. Les fleurs en sont fort belles, et au milieu de
ces fleurs il y a trois statues peintes, en terre cuite. L'une
de ces statues est une femme. C'est plutôt un mannequin
qu'une statue, car elle est vêtue d'une robe d'indienne et
coiffée d'un vieux chapeau de soie. Au bout de quelques
instants, à un petit bruit qu'on entend et à un rejaillisse-
ment singulier qu'on aperçoit sous ses jupes, on s'aperçoit que cette femme est une fontaine.

Le clocher de l'église de Dinant est un immense pot à
l'eau. Cependant, vue du pont, la façade de l'église con-
serve un grand caractère, et toute la ville se compose à
merveille.

A Dinant on quitte la rive droite de la Meuse. Le faubourg de la rive gauche, qu'on traverse, se pelotonne admirablement autour d'une vieille douve croulante de
l'ancienne enceinte. Au pied de cette tour, dans un pâté
de maisons, j'ai entrevu en passant un exquis châtelet du
quinzième siècle avec sa façade à volutes, ses croisées de

pierre, sa tourelle de briques et ses girouettes extrava-
gantes.

Après Dinant la vallée s'ouvre, la Meuse s'élargit; on
distingue sur deux croupes lointaines de la rive droite
deux châteaux en ruines; puis la vallée s'évase encore, les
rochers n'apparaissent plus que çà et là sous de riches
caparaçons de verdure; une housse de velours vert, brodée
de fleurs, couvre tout le paysage. De toutes parts débordent les houblonnières, les vergers, les arbres qui ont
plus de fruits que de feuilles, les pruniers violets, les pom-
miers rouges, et à chaque instant apparaissent par touffes
énormes les grappes écarlates du sorbier des oiseaux, ce
corail végétal. Les canards et les poules jasent sur le chemin; on entend des chants de bateliers sur la rivière; de
fraîches jeunes filles, les bras nus jusqu'à l'épaule, passent avec des paniers chargés d'herbes sur leurs têtes,
et de temps en temps un cimetière de village vient cou-
doyer mélancoliquement cette route pleine de joie, de lumière et de vie.

Dans l'un de ces cimetières, dont l'herbe haute et le
mur tombant se penchent sur le chemin, j'ai lu cette inscription :

      — O pie, defunctis miseris succurre, viator! —

Aucun *memento* n'est, à mon sens, d'un effet aussi
profond. Ordinairement les morts avertissent, ici ils sup-
plient.

Plus loin, lorsqu'on a passé une colline où les rochers
de la rive droite, travaillés et sculptés par les pluies, imi-
tent les pierres ondées et vermoulues de notre vieille fontaine du Luxembourg (si déplorablement remise à neuf en
ce moment, par parenthèse), on sent qu'on approche de
Namur. Les maisons de plaisance commencent à se mêler

aux logis de paysans, les villas aux villages, les statues
aux rochers, les parcs anglais aux houblonnières, et sans
trop de trouble et de désaccord, il faut le dire.

La diligence a relayé dans un de ces villages composi-
tes. J'avais d'un côté un magnifique jardin entremêlé de
colonnades et de temples ioniques, de l'autre un cabaret
orné à gauche d'un groupe de buveurs et à droite d'une
splendide touffe de roses-trémières. Derrière la grille
dorée de la villa, sur un piédestal de marbre blanc veiné
de noir par l'ombre des branches, la Vénus de Médicis se
cachait à demi dans les feuilles, comme honteuse et indi-
gnée d'être vue toute nue par des paysans flamands attablés autour d'un pot de bière. A quelques pas plus loin,
deux ou trois grandes belles filles ravageaient un prunier
de haute taille, et l'une d'elles était perchée sur le gros
bras de l'arbre dans une attitude gracieuse, où les passants étaient si parfaitement oubliés, qu'elle donnait aux
voyageurs de l'impériale je ne sais quelles vagues envies
de mettre pied à terre.

Une heure après j'étais à Namur. Les deux vallées de la
Sambre et de la Meuse se rencontrent et se confondent à
Namur, qui est assise sur le confluent des deux rivières.
Les femmes de Namur m'ont paru jolies et avenantes; les
hommes ont une bonne, grave et hospitalière physionomie. Quant à la ville en elle-même, excepté les deux
échappées de vue du pont de Meuse et du pont de Sambre, elle n'a rien de remarquable. C'est une cité qui n'a
déjà plus son passé écrit dans sa configuration. Sans architecture, sans monuments, sans édifices, sans vieilles
maisons, meublée de quatre ou cinq méchantes églises
rococo et de quelques fontaines Louis XV d'un mauvais
goût plat et triste, Namur n'a jamais inspiré que deux
poëmes, l'ode de Boileau et la chanson d'un poëte inconnu où il est question d'une vieille femme et du prince

d'Orange; et, en vérité, Namur ne mérite pas d'autre poésie.

La citadelle couronne froidement et tristement la ville. Pourtant je vous dirai que je n'ai pas considéré sans un certain respect ces sévères fortifications qui ont eu un beau jour l'honneur d'être assiégées par Vauban et défendues par Cohorn.

Où il n'y a pas d'églises, je regarde les enseignes. Pour qui sait visiter une ville, les enseignes des boutiques ont un grand sens. Indépendamment des professions dominantes et des industries locales qui s'y révèlent tout d'abord, les locutions spéciales y abondent et les noms de la bourgeoisie, presque aussi importants à étudier que les noms de la noblesse, y apparaissent dans leur forme la plus naïve et sous leur aspect le mieux éclairé.

Voici trois noms pris à peu près au hasard sur les devantures des boutiques à Namur; tous trois ont une signification. — L'*épouse Debarsy, négociante*. On sent, en lisant ceci, qu'on est dans un pays français hier, étranger aujourd'hui, français demain, où la langue s'altère et se dénature insensiblement, s'écroule par les bords et prend, sous des expressions françaises, de gauches tournures allemandes. Ces trois mots sont encore français, la phrase ne l'est déjà plus. — *Crucifix-Piret, mercier*. Ceci est bien de la catholique Flandre. Nom, prénom ou surnom, *Crucifix* serait introuvable dans toute la France voltairienne. — *Menandez-Wodon, horloger*. Un nom castillan et un nom flamand soudés par un trait d'union. N'est-ce pas là toute la dénomination de l'Espagne sur les Pays-Bas, écrite, attestée et racontée dans un nom propre? — Ainsi, voilà trois noms dont chacun exprime et résume un des grands aspects du pays; l'un dit la langue, l'autre la religion, l'autre l'histoire.

Observons encore tout de suite que sur les enseignes de

Dinant, de Namur et de Liége, ce nom *Demeuse* est très-fréquemment répété. Aux environs de Paris et de Rouen, c'est *Desenne* et *Deseine*.

Pour finir par une observation de pure fantaisie, j'ai encore remarqué dans un faubourg de Namur un certain *Janus, boulanger*, qui m'a rappelé que j'avais noté à Paris, à l'entrée du faubourg Saint-Denis, *Néron, confiseur*, et à Arles, sur le fronton même d'un temple romain en ruines, *Marius, coiffeur.*

LETTRE VII

LES BORDS DE LA MEUSE.—HUY.—LIÉGE.

Les beaux arbres et les beaux rochers.—Louange à Dieu, blâme
à l'homme. — Sanson. — Andennes. — Le voyageur donne
un sage conseil à M. le curé de Selayen. — Huy. — Coin de
terre curieux où l'on récolte du vin belge fait avec du raisin.
— Aspects du pays. — Tableaux flamands. — Approches de
Liége. — Figure extraordinaire et effrayante que prend le
paysage à la nuit tombée. — Ce que l'auteur voit eût semblé
à Virgile le Tartare et à Dante l'Enfer. — Liége. — Ville qui
ne ressemble à aucune autre. — Il y a des gens qui y lisent
le *Constitutionnel.* — Les églises. — Saint-Paul. Saint-Jean.
Saint-Hubert. Saint-Denis. — Le palais des princes-évêques.
— Admirable cour. — Maison de justice, marché et prison.
— Le bourgeois voltairien a trop d'esprit ; le bourgeois utilitaire est trop bête. — Estampes en l'honneur des alliés de
1814. — Désastres de notre grammaire et massacre de notre
orthographe.

Liége, 4 août.

Le chemin de Liége s'éloigne de Namur par une allée de
magnifiques arbres. Les immenses feuillages font de leur
mieux pour cacher au voyageur les maussades clochers de
la ville, lesquels apparaissent de loin comme un gigantesque jeu de quilles diapré de quelques bilboquets. Au moment où l'on sort de l'ombre de ces beaux arbres, le vent

frais de la Meuse vous arrive au visage, et la route se re-
met à côtoyer joyeusement la rivière. La Meuse, grossie
désormais par la Sambre, a élargi sa vallée; mais la double
muraille de rochers reparait, figurant à chaque instant des
forteresses de cyclopes, de grands donjons en ruines, des
groupes de tours titaniques. Ces roches de la Meuse contiennent beaucoup de fer; mêlées au paysage, elles sont
d'une admirable couleur; la pluie, l'air et le soleil les rouil-
lent splendidement; mais arrachées de la terre, exploitées
et taillées, elles se métamorphosent en cet odieux granit
gris-bleu dont toute la Belgique est infestée. Ce qui donnait de magnifiques montagnes ne produit plus que d'af-
freuses maisons.

Dieu a fait le rocher, l'homme a fait le moellon.

On traverse rapidement Sanson, village au-dessus duquel achèvent de s'écrouler dans les ronces quelques tron-
çons d'un château fort bâti, dit-on, sous Clodion. Le rocher
figure là un visage humain, barbu et sévère, que le conducteur ne manque pas de faire regarder aux voyageurs.
Puis on gagne Andennes, où j'ai remarqué, rareté inappré-
ciable pour les antiquaires, une petite église rustique du
dixième siècle encore intacte. Dans un autre village, à Selayen, je crois, on lit cette inscription en grosses lettres
au-dessus de la principale porte de l'église : *Les chiens
hors de la maison de Dieu.* Si j'étais le digne curé de Selayen, je penserais qu'il est plus urgent de dire aux hommes d'entrer qu'aux chiens de sortir.

Après Andennes, les montagnes s'écartent, la vallée devient plaine, la Meuse s'en va loin de la route à travers les
prairies. Le paysage est encore beau, mais on y voit ap-
paraitre un peu trop souvent la cheminée de l'usine, ce
triste obélisque de notre civilisation industrielle.

Puis les collines se rapprochent, la rivière et la route se
rejoignent; on aperçoit de vastes bastions accrochés

comme un nid d'aigle au front d'un rocher, une belle
église du quatorzième siècle accostée d'une haute tour
carrée, une porte de ville flanquée d'une douve ruinée.
Force charmantes maisons inventées pour la récréation des
yeux par le génie si riche, si fantasque et si spirituel de la
Renaissance flamande, se mirent dans la Meuse avec leurs
terrasses en fleurs des deux côtés d'un vieux pont. On est
à Huy.

Huy et Dinant sont les deux plus jolies villes qu'il y ait
sur la Meuse. Huy est à moitié chemin entre Namur et
Liége, de même que Dinant entre Namur et Givet. Huy,
qui est encore une redoutable citadelle, a été autrefois
une belliqueuse commune et a soutenu des siéges contre
ceux de Liége, comme Dinant contre ceux de Namur, dans
ce temps héroïque où les villes se déclaraient la guerre
comme font aujourd'hui les royaumes et où Froissard disait :

> La grand'ville de Bar-sur-Saigne
> A fait trembler Troye en Champaigne.

Après Huy recommence ce ravissant contraste qui est
tout le paysage de la Meuse. Rien de plus sévère que ces
rochers, rien de plus riant que ces prairies. Il y a là quelques collines hérissées de ceps et d'échalas qui donnent
un vin quelconque. C'est, je crois, le seul vignoble de la
Belgique.

De temps en temps on rencontre tout au bord du fleuve,
dans quelque ravin au-dessus duquel passe la route, une
fabrique de zinc dont l'aspect délabré et les toits crevas-
sés, d'où la fumée s'échappe de toutes les tuiles, simulent
un incendie qui commence ou qui s'éteint; ou c'est une
alunière avec ses vastes monceaux de terre rougeâtre; ou
bien encore, derrière une houblonnière, à côté d'un champ

de grosses fèves, au milieu des parfums d'un petit jardin qui regorge de fleurs et qu'entoure une haie rapiécée çà et là avec un treillis vermoulu, parmi les caquets assourdissants d'une populace de poules, d'oies et de canards, on aperçoit une maison en briques, à tourelles d'ardoises, à croisées de pierre, à vitrages maillés de plomb, grave, propre, douce, égayée d'une vigne grimpante, avec des colombes sur son toit, des cages d'oiseaux à ses fenêtres, un petit enfant et un rayon de soleil sur son seuil, et l'on rêve à Téniers et à Mieris.

Cependant le soir vient, le vent tombe, les prés, les buissons et les arbres se taisent, on n'entend plus que le bruit de l'eau. L'intérieur des maisons s'éclaire vaguement; les objets s'effacent comme dans une fumée; les voyageurs bâillent à qui mieux mieux dans la voiture en disant : « Nous serons à Liége dans une heure. » C'est dans ce moment-là que le paysage prend tout à coup un aspect extraordinaire. Là-bas, dans les futaies, au pied des collines brunes et velues de l'occident, deux rondes prunelles de feu éclatent et resplendissent comme des yeux de tigre. Ici, au bord de la route, voici un effrayant chandelier de quatre-vingts pieds de haut qui flambe dans le paysage et qui jette sur les rochers, les forêts et les ravins des réverbérations sinistres. Plus loin, à l'entrée de cette vallée enfouie dans l'ombre, il y a une gueule pleine de braise qui s'ouvre et se ferme brusquement et d'où sort par instants avec d'affreux hoquets une langue de flamme.

Ce sont des usines qui s'allument.

Quand on a passé le lieu appelé la *Petite-Flemalle*, la chose devient inexprimable et vraiment magnifique. Toute la vallée semble trouée de cratères en éruption. Quelques-uns dégorgent derrière les taillis des tourbillons de vapeur écarlate étoilée d'étincelles; d'autres dessinent lugubrement sur un fond rouge la noire silhouette des villages;

ailleurs les flammes apparaissent à travers les crevasses
d'un groupe d'édifices. On croirait qu'une armée ennemie
vient de traverser le pays, et que vingt bourgs mis à sac
vous offrent à la fois dans cette nuit ténébreuse tous les
aspects et toutes les phases de l'incendie, ceux-là embra-
sés, ceux-ci fumants, les autres flamboyants.

Ce spectacle de guerre est donné par la paix; cette copie effroyable de la dévastation est faite par l'industrie.
Vous avez tout simplement là sous les yeux les hauts fourneaux de M. Cockerill.

Un bruit farouche et violent sort de ce chaos de travailleurs. J'ai eu la curiosité de mettre pied à terre et de
m'approcher d'un de ces antres. Là, j'ai admiré véritable
ment l'industrie. C'est un beau et prodigieux spectacle,
qui, la nuit, semble emprunter à la tristesse solennelle de
l'heure quelque chose de surnaturel. Les roues, les scies,
les chaudières, les laminoirs, les cylindres, les balanciers,
tous ces monstres de cuivre, de tôle et d'airain que nous
nommons des machines et que la vapeur fait vivre d'une
vie effrayante et terrible, mugissent, sifflent, grincent,
râlent, reniflent, aboient, glapissent, déchirent le bronze,
tordent le fer, mâchent le granit, et, par moments, au
milieu des ouvriers noirs et enfumés qui les harcèlent,
hurlent avec douleur dans l'atmosphère ardente de l'usine
comme des hydres et des dragons tourmentés par des dé-
mons dans un enfer.

Liége est une de ces vieilles villes qui sont en train de
devenir villes neuves, — transformation déplorable, mais
fatale! — une de ces villes où partout les antiques devantures peintes et ciselées s'écaillent et tombent et laissent
voir en leur lieu des façades blanches enrichies de statues
de plâtre; où les bons vieux grands toits d'ardoise chargés
de lucarnes, de carillons, de clochetons et de girouettes,
s'effondrent tristement, regardés avec horreur par quelque bourgeois hébété qui lit le *Constitutionnel* sur une
terrasse plate pavée en zinc; où l'octroi, temple grec orné
d'un douanier, succède à la porte-donjon flanquée de tours
et hérissée de pertuisanes; où le long tuyau rouge des
hauts fourneaux remplace la flèche sonore des églises. Les
anciennes villes jetaient du bruit, les villes modernes jettent de la fumée.

Liége n'a plus l'énorme cathédrale des princes-évêques
bâtie par l'illustre évêque Notger, en l'an 1000, et démo-
lie en 1795 par on ne sait qui; mais elle a l'usine de
M. Cockerill.

Liége n'a plus son couvent de dominicains, sombre cloître d'une si haute renommée, noble édifice d'une si fière
architecture; mais elle a, précisément sur le même emplacement, un théâtre embelli de colonnes à chapiteaux
de fonte où l'on joue l'opéra-comique, et dont mademoiselle Mars a posé la première pierre.

Liége est encore, au dix-neuvième siècle comme au seizième, la ville des armuriers. Elle lutte avec la France
pour les armes de guerre, et avec Versailles en particulier pour les armes de luxe. Mais la vieille cité de Saint-

Hubert, jadis église et forteresse, commune ecclésiastique et militaire, ne prie plus et ne se bat plus ; elle vend et achète. C'est aujourd'hui une grosse ruche industrielle. Liége s'est transformée en un riche centre commercial. La vallée de la Meuse lui met un bras en France et l'autre en Hollande, et, grâce à ces deux grands bras, sans cesse elle prend de l'une et reçoit de l'autre.

Tout s'efface dans cette ville, jusqu'à son étymologie. L'antique ruisseau *Legia* s'appelle maintenant le *Ri-de-Coq-Fontaine*.

Du reste, il faut pourtant le dire, Liége, gracieusement éparse sur la croupe verte de la montagne de Sainte-Walburge, divisée par la Meuse en haute et basse ville, coupée par treize ponts dont quelques-uns ont une figure architecturale, entourée à perte de vue d'arbres, de collines et de prairies, a encore assez de tourelles, assez de façades à pignons volutés ou taillés, assez de clochers romans, assez de portes-donjons comme celles de Saint-Martin et d'Amercœur, pour émerveiller le poëte et l'antiquaire même le plus hérissé devant les manufactures, les mécaniques et les usines.

Comme il pleuvait à verse, je n'ai pu visiter que quatre églises : — Saint-Paul, la cathédrale actuelle, noble nef du quinzième siècle, accostée d'un cloître gothique et d'un charmant portail de la Renaissance sottement badigeonnés, et surmontée d'un clocher qui a dû être fort beau, mais dont quelque inepte architecte contemporain a abâtardi tous les angles, honteuse opération que subissent en ce moment sous nos yeux les vieux toits de notre hôtel de ville de Paris. — Saint-Jean, grave façade du dixième siècle, composée d'une grosse tour carrée à flèche d'ardoise des deux côtés de laquelle se pressent deux autres bas clochers également carrés. A cette façade s'adosse insolemment le dôme ou plutôt la bosse d'une abominable église rococo

dont une porte s'ouvre sur un cloître ogival défiguré, raclé,
blanchi, triste et plein de hautes herbes. — Saint-Hubert,
dont l'abside romane ourlée de basses galeries à plein
cintre est d'un ordre magnifique. — Saint-Denis, curieuse
église du dixième siècle dont la grosse tour est du neuvième. Cette tour porte à sa partie inférieure des traces
évidentes de dévastation et d'incendie. Elle a été probablement brûlée lors de la grande irruption des Normands,
en 882, je crois. Les architectes romans ont naïvement
raccommodé et continué la tour en briques, la prenant
telle que l'incendie l'avait faite et asseyant le nouveau mur
sur la vieille pierre rongée, de sorte que le profil découpé
de la ruine se dessine parfaitement conservé sur le clocher tel qu'il est aujourd'hui. Cette grande pièce rouge
qui enveloppe le clocher, frangée par le bas comme un
haillon, est d'un effet singulier.

Comme j'allais de Saint-Denis à Saint-Hubert par un
labyrinthe d'anciennes rues basses et étroites, ornées çà
et là de madones au-dessus desquelles s'arrondissent
comme des cerceaux concentriques de grands rubans de
fer-blanc chargés d'inscriptions dévotes, j'ai coudoyé tout
à coup une vaste et sombre muraille de pierre percée de
larges baies en anses de panier et enrichie de ce luxe de
nervures qui annonce l'arrière-façade d'un palais du moyen
âge. Une porte obscure s'est présentée, j'y suis entré, et,
au bout de quelques pas, j'étais dans une vaste cour. Cette
cour, dont personne ne parle et qui devrait être célèbre,
est la cour intérieure du palais des princes ecclésiastiques.
de Liége. Je n'ai vu nulle part un ensemble architectural
plus étrange, plus morose et plus superbe. Quatre autres
façades de granit surmontées de quatre prodigieux toits
d'ardoise, portées par quatre galeries basses d'arcades-
ogives, qui semblent s'affaisser et s'élargir sous le poids,
enferment de tous côtés le regard. Deux de ces façades

parfaitement entières offrent le bel ajustement d'ogives et
de cintres surbaissés qui caractérise la fin du quinzième
siècle et le commencement du seizième. Les fenêtres de ce
palais clérical ont des meneaux comme des fenêtres d'é-
glise. Malheureusement les deux autres façades, détruites
par le grand incendie de 1734, ont été rebâties dans le
chétif style de cette époque et gâtent un peu l'effet général.
Cependant leur sécheresse n'a rien qui contrarie absolument l'austérité du vieux palais. L'évêque qui régnait il y
a cent cinq ans se refusa sagement aux rocailles et aux
chicorées, et on lui fit deux façades mornes et pauvres;
car telle est la loi de cette architecture du dix-huitième siècle, il n'y a pas de milieu : des oripeaux ou de la nudité;
clinquant ou misère.

La quadruple galerie qui enferme la cour est admirablement conservée. J'en ai fait le tour. Rien de plus curieux
à étudier que les piliers sur lesquels s'appuient les retombées de ces larges ogives surbaissées. Ces piliers sont en
granit gris comme tout le palais. — Selon qu'on examine
l'une ou l'autre des quatre rangées, le fût du pilier disparaît jusqu'à la moitié de sa longueur, tantôt par le haut,
tantôt par le bas, sous un renflement enrichi d'arabesques. Pour toute une rangée de piliers, la rangée occiden-
tale, le renflement est double et le fût disparaît entièrement. Il n'y a là qu'un caprice flamand du seizième siècle.
Mais ce qui rend l'archéologue perplexe, c'est que les
arabesques ciselées sur ces renflements, c'est que les
chapiteaux de ces piliers, naïvement et grossièrement
sculptés, chargés, aux tailloirs près, de figures chimériques, de feuillages impossibles, d'animaux apocalyptiques,
de dragons ailés presque égyptiens et hiéroglyphiques,
semblent appartenir à l'art du onzième siècle; et pour ne
pas rendre ces piliers courts, trapus et gibbeux à l'architecture byzantine, il faut se souvenir que le palais

princier-épiscopal de Liége ne fut commencé qu'en 1508
par le prince Erard de la Mark, qui régna trente-deux ans.

Ce grave édifice est aujourd'hui le palais de justice. Des
boutiques de libraires et de bimbelotiers se sont installées
sous toutes les arcades. Un marché aux légumes se tient
dans la cour. On voit les robes noires des praticiens affairés
passer au milieu des grands paniers pleins de choux rouges et violets. Des groupes de marchandes flamandes ré-
jouies et hargneuses jasent et se querellent devant chaque pilier; des plaidoiries irritées sortent de toutes les
fenêtres; et dans cette sombre cour, recueillie et silencieuse autrefois comme un cloître dont elle a la forme, se
croise et se mêle perpétuellement aujourd'hui la double et
intarissable parole de l'avocat et de la commère, le bavardage et le babil.

Au-dessus des grands toits du palais apparaît une haute
et massive tour carrée en briques. Cette tour, qui était jadis le beffroi du prince-évêque, est maintenant la prison
des filles publiques; triste et froide antithèse que le bourgeois voltairien d'il y a trente ans eût faite *spirituellement,*
que le bourgeois utilitaire et positif d'à présent fait bêtement.

En sortant du palais par la grande porte, j'en ai pu contempler la façade actuelle, œuvre glaciale et déclamatoire
du désastreux architecte de 1734. On croirait voir une tragédie de Lagrange-Chancel en marbre et en pierre. Il y
avait sur la place, devant cette façade, un brave homme
qui voulait absolument me la faire admirer. Je lui ai tourné
le dos sans pitié, quoiqu'il m'ait appris que Liége s'appelle
en hollandais *Luik,* en allemand *Lüttich* et en latin *Leo-*
dium.

La chambre où je logeais à Liége était ornée de rideaux
de mousseline sur lesquels étaient brodés, non des bou-
quets, mais des melons. J'y ai admiré aussi des gravures

triomphantes figurant, à l'honneur des alliés, nos désastres de 1814, et nous humiliant cruellement dans notre langue. Voici textuellement la *légende* imprimée au bas d'une de ces images : « BATAILLE D'ARCIS-SUR-AUBE, le 21 mars 1814. La plupart de la garnison de cette place, composée de la garde ancienne (probablement la *vieille garde*) fit fait prisonniers, et les alliés entrèrent vainquereuse à Paris le 2 avril. »

LETTRE VIII .

LES BORDS DE LA VESDRE. — VERVIERS.

Le voyageur apaise une querelle en se sacrifiant et en se satisfai-
sant. — Paysage de la Vesdre. — Eglogues. — Les vers d'O-
vide mis en scène par le bon Dieu. — Quartiers de rochers
qui pleuvent. — Ne traversez pas une idylle dans laquelle on
fait un chemin de fer. — Verviers. — Les trois quartiers de
Verviers. — Le marmot et la pipe. — Malheureuse ville si les
cheminées y fument comme les enfants. — Limbourg. — La
palais, la guérite, la frontière.

Aix-la-Chapelle, 4 août.

Hier, à neuf heures du matin, comme la diligence de
Liége à Aix-la-Chapelle allait partir, un brave bourgeois
wallon ameutait les passants, se refusant à monter sur
l'impériale, et me rappelant par l'énergie de sa résistance
ce paysan auvergnat *qui avait payé pour être dans la
boîte et non sur l'opéra.* J'ai offert de prendre la place de
ce digne voyageur, je suis monté sur l'opéra; tout s'est
apaisé et la diligence est partie.

Bien m'en a pris. La route est gaie et charmante. Ce
n'est plus la Meuse, mais c'est la Vesdre. La Meuse s'en
va par Maëstricht et Ruremonde à Rotterdam et à la
mer.

La Vesdre est une rivière-torrent qui descend de Saint-Cornelis-Munster entre Aix-la-Chapelle et Duren, à travers Verviers et Chauffontaines, jusqu'à Liége, par la plus ravissante vallée qu'il y ait au monde. Dans cette saison, par un beau jour, avec le ciel bleu, c'est quelquefois un ravin, souvent un jardin, toujours un paradis. — La route ne quitte pas un moment la rivière. Tantôt elles traversent ensemble un heureux village entassé sous les arbres avec un pont rustique devant chaque porte; tantôt, dans un pli solitaire du vallon, elles côtoient un vieux château d'échevin avec ses tours carrées, ses hauts toits pointus et sa grande façade percée de quelques rares fenêtres, fier et modeste à la fois comme il convient à un édifice qui tient le milieu entre la chaumière du paysan et le donjon du seigneur. Puis le paysage prend tout à coup une voix bruyante et joyeuse, et au tournant d'une colline l'œil entrevoit, sous une touffe de tilleuls et d'aunes qui laissent passer le soleil, cette maison basse et cette grosse roue noire inondée de pierreries qu'on appelle un moulin à eau.

Entre Chauffontaines et Verviers la vallée m'apparaissait avec une douceur virgilienne. Il faisait un temps admirable, de charmants marmots jouaient sur le seuil des jardins, le vent des trembles et des peupliers se répandait sur la route, de belles génisses, groupées par trois ou quatre, se reposaient à l'ombre gracieusement couchées dans les prés verts. Ailleurs, loin de toute maison, seule au milieu d'une grande prairie enclose de haies vives, paissait majestueusement une admirable vache digne d'être gardée par Argus. J'entendais une flûte dans la montagne.

Mercurius septem mulcet arundinibus.

De temps en temps la cheminée d'une usine ou une longue pièce de drap séchant au soleil près de la route, venait interrompre ces églogues.

Le chemin de fer qui traverse toute la Belgique d'Anvers à Liége et qui veut aller jusqu'à Verviers, va trouer ces collines et couper ces vallées.

Ce chemin, colossale entreprise, percera la montagne douze ou quinze fois. A chaque pas on rencontre des terrassements, des remblais, des ébauches de ponts et de viaducs; ou bien on voit au bas d'une immense paroi de roche vive une petite fourmilière noire occupée à creuser un petit trou. Ces fourmis font une œuvre de géants.

Par instants, dans les endroits où ces trous sont déjà larges et profonds, une haleine épaisse et un bruit rauque en sortent tout à coup. On dirait que la montagne violée crie par cette bouche ouverte. C'est la mine qui joue dans la galerie. Puis la diligence s'arrête brusquement, les ouvriers qui piochaient sur un terrassement voisin s'enfuient dans toutes les directions, un tonnerre éclate, répété par l'écho grossissant de la colline, des quartiers de roche jaillissent d'un coin du paysage et vont éclabousser la plaine de toutes parts. C'est la mine qui joue à ciel ouvert. Pendant cette station, les voyageurs se racontent qu'hier un homme a été tué et un arbre coupé en deux par un de ces blocs qui pesait vingt mille, et qu'avant-hier une femme d'ouvrier qui portait *le café* (non la soupe) à son mari a été foudroyée de la même façon. — Cela aussi dérange un peu l'idylle.

Verviers, ville insignifiante d'ailleurs, se divise en trois quartiers qui s'appellent la *Chick-Chack*, la *Basse-Crotte* et la *Dardanelle*. J'y ai remarqué un petit garçon de six ans qui fumait magistralement sa pipe, assis sur le seuil de sa maison.

En me voyant passer, ce marmot fumeur a éclaté de rire. J'en ai conclu que je lui semblais fort ridicule.

Après Verviers, la route côtoie encore la Vesdre jusqu'à Limbourg. Limbourg, cette ville comtale, ce pâté dont Louis XIV *trouvait la croûte si dure,* n'est plus aujourd'hui qu'une forteresse démantelée, pittoresque couronnement d'une colline.

Un moment après, le terrain s'aplatit, la plaine se déclare, une grande porte s'ouvre à deux battants : c'est la douane; une guérite chevronnée de noir et de blanc du haut en bas apparaît ; on est chez le roi de Prusse

---

LETTRE IX

AIX-LA-CHAPELLE. — LE TOMBEAU DE CHARLEMAGNE.

Tout ce qu'est Aix-la-Chapelle. — Charlemagne y est né et y est
mort. — La Chapelle. — Architecture du portail, à laquelle
l'auteur mêle une parenthèse. — Légende du diable, qui est
moins bête que les bourgeois, et du moins qui a plus d'esprit
que le diable. — La parenthèse se ferme et la chapelle se rou-
vre. — Aspect de l'église. — Ensemble. — Détail. — Le tombeau de Charlemagne. — L'auteur invective le système décimal. Tout ce qu'il y a dans l'armoire. — Eblouissement et
admiration. — Où sont les trois couronnes de Charlemagne.
Autres armoires. — Autres trésors. — La chaire. — Le chœur.
— L'orgue. — L'aigle d'Othon III. — Le cœur de M. Antoine
Berdolet. — Destinée des sarcophages. — Les empereurs ne
gardent rien, pas même un tombeau. — Charlemagne prend
son sarcophage à Auguste. — Barberousse prend sa chaise à
Charlemagne. — Le Hochmunster. — Le fauteuil de marbre.
Comment était Charlemagne dans le sépulcre. — Profanation
de Barberousse. — Mort de Barberousse. — Bruits qui courent
sur son compte depuis six cents ans. — L'auteur refait le tombeau de Charlemagne. — Visite de l'empereur en 1804. —
Napoléon devant le fauteuil de Charlemagne. — Visite des empereurs et des rois alliés en 1814. — Rapprochements. — De
qui l'auteur tient tous ces détails. — Le sapeur du 36e régiment. — Les chats-moines. — Ne riez pas des noms populaires
avant d'avoir examiné les noms aristocratiques. — L'hôtel de
ville. — La tour de Granus. — Rêverie crépusculaire.

Aix-la-Chapelle, 6 août.

Aix-la-Chapelle, pour le malade, c'est une fontaine mi-
nérale, chaude, froide, ferrugineuse, sulfureuse ; pour le

touriste, c'est un pays de redoutes et de concerts; pour le
pèlerin, c'est la châsse des grandes reliques qu'on ne voit
que tous les sept ans, robe de la Vierge, sang de l'enfant
Jésus, nappe sur laquelle fut décapité saint Jean-Baptiste;
pour l'antiquaire-chroniqueur, c'est une abbaye noble de
filles à abbesse immédiate héritière du couvent d'hommes
bâti par saint Grégoire, fils de Nicéphore, empereur d'O-
rient; pour l'amateur de chasses, c'est l'ancienne vallée
des sangliers, *Porcetum* dont on a fait *Borcette;* pour le
manufacturier, c'est une source d'eau lessiveuse propre au
lavage des laines; pour le marchand, c'est une fabrique
de draps et de casimirs, d'aiguilles et d'épingles; pour
celui qui n'est ni marchand, ni manufacturier, ni chasseur, ni antiquaire, ni pèlerin, ni touriste, ni malade,
c'est la ville de Charlemagne.

Charlemagne en effet est né à Aix-la-Chapelle, et il y
est mort. Il y est né dans le vieux palais demi-romain des
rois francs, dont il ne reste plus que la tour de Granus,
enclavée aujourd'hui dans l'hôtel de ville. Il y est enterré
dans l'église qu'il avait fondée deux ans après la mort de
sa femme Fastrada, en 796, que le pape Léon III bénit
en 804, et pour la dédicace de laquelle, dit la tradition,
deux évêques de Tongres, morts et ensevelis à Maëstricht,
sortirent de leurs sépulcres afin de compléter dans cette
cérémonie les trois cent soixante-cinq archevêques et évêques représentant les jours de l'année.

Cette historique et fabuleuse église, qui a donné son
nom à la ville, a subi, depuis mille ans, bien des transfor-
mations.

A peine arrivé à Aix, je suis allé à la chapelle.

Si l'on aborde l'église par la façade, voici comment elle
se présente :

Un portail du temps de Louis XV en granit gris-bleu
avec des portes de bronze du huitième siècle, adossé à

une muraille carlovingienne que surmonte un étage de
pleins cintres romans. Au-dessus de ces archivoltes un bel
étage gothique richement ciselé où l'on reconnaît l'ogive
sévère du quatorzième siècle; et pour couronnement une
ignoble maçonnerie en brique à toit d'ardoise qui date
d'une vingtaine d'années. A la droite du portail une grosse
pomme de pin, en bronze romain, est posée sur un pilier
de granit, et de l'autre côté, sur un autre pilier, il y a
une louve d'airain, également antique et romaine, qui se
tourne à demi vers les passants la gueule entr'ouverte et
les dents serrées.

(Pardon, mon ami, mais permettez-moi d'ouvrir ici une
parenthèse. Cette pomme de pin a un sens, et cette
louve aussi, ou ce loup, car je n'ai pu reconnaître bien
clairement le sexe de cette bête de bronze. Voici à ce sujet ce que racontent encore les vieilles fileuses du pays :

Il y a longtemps, bien longtemps, ceux d'Aix-la-Chapelle voulurent bâtir une église. Ils se cotisèrent, et l'on
commença. On creusa les fondements, on éleva les murailles, on ébaucha la charpente, et pendant six mois ce fut
un tapage assourdissant de scies, de marteaux et de co-
gnées. Au bout de six mois, l'argent manqua. On fit appel
aux pèlerins, on mit un bassin d'étain à la porte de l'é-
glise; mais à peine s'il y tomba quelques targes et quelques liards à la croix. Que faire? Le sénat s'assembla,
chercha, parla, avisa, consulta. Les ouvriers refusaient le
travail, et l'herbe et la ronce, et le lierre et toutes les
insolentes plantes des ruines s'emparaient déjà des pierres
neuves de l'édifice abandonné. Fallait-il donc laisser là
l'église? Le magnifique sénat des bourgmestres était
consterné.

Comme il délibérait, entre un quidam, un étranger, un
inconnu, de haute taille et de belle mine.

— Bonjour, bourgeois. De quoi est-il question? Vous

êtes tout effarés. Votre église vous tient au cœur? Vous ne savez comment la finir? On dit que c'est l'argent qui vous manque?

— Passant, dit le sénat, allez-vous-en au diable. Il nous faudrait un million d'or.

— Le voici, dit le gentilhomme; et, ouvrant une fenêtre, il montre aux bourgmestres un grand chariot arrêté sur la place à la porte de la maison de ville. Ce chariot était attelé de dix jougs de bœufs et gardé par vingt nègres d'Afrique armés jusqu'aux dents.

Un des bourgmestres descend avec le gentilhomme, prend au hasard un des sacs dont le chariot était chargé, puis tous deux remontent, l'étranger et le bourgeois. On vida la sacoche devant le sénat : elle était en effet pleine d'or.

Le sénat ouvre de grands yeux bêtes et dit à l'étranger :

— Qui êtes-vous, monseigneur?

— Mes chers manants, je suis celui qui a de l'argent. Que voulez-vous de plus? J'habite dans la forêt Noire, près du lac de Wildsée, non loin des ruines de Heidenstadt, la ville des païens. Je possède des mines d'or et d'argent, et la nuit je remue avec mes mains des fouillis d'escarboucles. Mais j'ai des goûts simples, je m'ennuie, je suis un être mélancolique, je passe mes journées à voir jouer sous la transparence du lac le tourniquet et le triton d'eau, et à regarder pousser parmi les roches le polygonum amphibium. Sur ce, trêve aux questions et aux billevesées. J'ai débouclé ma ceinture, profitez-en. Voilà votre million d'or. En voulez-vous?

— Pardieu, oui! dit le sénat. Nous finirons notre église.

— Eh bien, prenez; mais à une condition.

— Laquelle, monseigneur?

— Finissez votre église, bourgeois; prenez toute cette

mitraille; mais promettez-moi en échange la première
âme quelconque qui entrera dans votre église et qui en
franchira la porte le jour où les cloches et les carillons en
sonneront la dédicace.

— Vous êtes le diable? cria le sénat.

— Vous êtes des imbéciles, répondit Urian.

Les bourgmestres commencèrent par des soubresauts,
des frayeurs et des signes de croix. Mais comme Urian
était bon diable, et riait à se tordre les côtes en faisant
sonner son or tout neuf, ils se rassurèrent et l'on négo-
cia. Le diable a de l'esprit. C'est à cause de cela qu'il est
le diable. — Après tout, disait-il, c'est moi qui perds au
marché. Vous aurez votre million et votre église. Moi, je
n'aurai qu'une âme. Et quelle âme, s'il vous plaît? La
première venue. Une âme de hasard. Quelque mauvais
drôle d'hypocrite qui jouera la dévotion et qui voudra,
par faux zèle, entrer le premier. Bourgeois mes amis, votre
église s'annonce bien. L'épure me plaît. L'édifice sera
beau, je crois. Je vois avec plaisir que votre architecte
préfère à la trompe-sous-le-coin la trompe de Montpellier.
Je ne hais pas cette voûte en pendentif, à plan berlong et
à coupes rondes; mais j'aurais préféré pourtant une voûte
d'arête, biaise et également berlongue. J'approuve qu'il
ait fait là une porte en tour ronde, mais je ne sais s'il a
bien ménagé l'épaisseur du parpain. — Comment se
nomme votre architecte, manants? — Dites-lui de ma
part que, pour bien faire la tête d'une porte en tour
creuse, il est nécessaire qu'il y ait quatre panneaux : deux
de lit et un de doyle par-dessus; le quatrième se met
sur l'extrados. C'est égal. Voilà une descente de cave à
trompe en canonnière qui est d'un fort bon style et parfaitement ajustée. Ce serait dommage d'en rester là. — Il
faut mettre à fin cette église. Allons, mes compères, le
million pour vous, l'âme pour moi. Est-ce dit?

Ainsi parlait le gentilhomme Urian. — Après tout, pensèrent les bourgeois, nous sommes bien heureux qu'il se contente d'une âme. Il pourrait bien, s'il regardait d'un peu près, les prendre toutes dans cette ville.

Le marché fut conclu, le million fut encaissé. Urian disparut dans une trappe d'où sortit une petite flamme bleue, comme il convient, et, deux ans après, l'église était bâtie.

Il va sans dire que tous les sénateurs avaient juré de ne conter la chose à personne, et il va sans dire que chacun d'eux, le soir même, avait conté la chose à sa femme. Ceci est une loi. Une loi que les sénateurs n'ont pas faite, mais qu'ils observent. Si bien que, lorsque l'église fut terminée, comme toute la ville, grâce aux femmes des sénateurs, savait le secret du sénat, personne ne voulut entrer dans l'église.

Nouvel embarras, non moins grand que le premier. L'église est bâtie, mais nul n'y veut mettre le pied; l'église est achevée, mais elle est vide. Or, à quoi bon une église vide? — Le sénat s'assemble. Il n'invente rien. — On appelle l'évêque de Tongres. Il ne trouve rien. — On appelle les chanoines du chapitre. Ils n'imaginent rien. — On appelle les moines du couvent. — Pardieu! dit un moine, il faut convenir, messeigneurs, que vous vous empêchez de peu de chose. Vous devez à Urian la première âme qui passera par la porte de l'église. Mais il n'a pas stipulé de quelle espèce serait cette âme. Urian n'est qu'un sot, je vous le dis. Messeigneurs, après une longue battue, on a pris vivant ce matin dans la vallée de Borcette un loup. Faites entrer ce loup dans l'église. Il faudra bien qu'Urian s'en contente. Ce n'est qu'une âme de loup, mais c'est une *âme quelconque*.

— Bravo, dit le sénat. Voilà un moine d'esprit.

Le lendemain, dès l'aube, les cloches sonnèrent. — Quoi! dirent les bourgeois, c'est aujourd'hui la dédicace de

l'église! mais qui donc osera y entrer le premier? Ce ne
sera pas moi.—Ni moi.—Ni moi.—Ni moi. Ils accoururent
en foule. Le sénat et le chapitre étaient devant le portail.
Tout à coup on amène le loup dans une cage, et à un si-
gnal donné on ouvre à la fois les portes de la cage et les
portes de l'église. Le loup, effrayé par la foule, voit l'église
déserte et s'y enfonce. Urian attendait, la gueule ouverte
et les yeux voluptueusement fermés. Jugez de sa rage
quand il sentit qu'il avalait un loup. Il poussa un rugissement effrayant et vola quelque temps sous les hautes arches de l'église avec le bruit d'une tempête. Puis il sortit
enfin éperdu de colère, et en sortant il donna dans la
grande porte d'airain un si furieux coup de pied, qu'elle se
fendit du haut en bas. — On montre encore cette fente aujourd'hui.

C'est pour cela, ajoutent les bonnes vieilles, qu'à gauche
de la porte de l'église on a placé la statue du loup en
bronze, et à droite une pomme de pin qui figure sa pauvre âme si stupidement mâchée par Urian.

Je quitte la légende et je reviens à l'église. Je dois
pourtant vous dire que j'ai cherché sur la porte la fameuse
crevasse faite par le talon du diable, et que je ne l'ai pas
trouvée. Maintenant je ferme la parenthèse.)

Ainsi, quand on aborde la chapelle par le grand portail,
le romain, le roman, le gothique, le rococo et le moderne
se mêlent et se superposent sur cette façade, mais sans affi-
nité, sans nécessité, sans ordre, et, par conséquent, sans
grandeur.

Si l'on arrive à la chapelle par le chevet, l'effet est tout
autre. La haute abside du quatorzième siècle vous apparaît
dans toute son audace et dans toute sa beauté avec l'angle
savant de son toit, le riche travail de ses balustrades, la va
riété de ses gargouilles, la sombre couleur de sa pierre, et
la transparence vitreuse de ses immenses lancettes au pied

desquelles semblent imperceptibles des maisons à deux étages réfugiées entre les contre-forts.

Cependant, de là encore, l'aspect de l'église, si imposant qu'il soit, est hybride et discordant. Entre l'abside et le portail, dans une espèce de trou où toutes les lignes de l'édifice s'écroulent, se cache, à peine relié à la façade par un joli pont sculpté du quatorzième siècle, le dôme byzantin à frontons triangulaires qu'Othon III fit bâtir au dixième siècle au-dessus du tombeau même de Charlemagne.

Cette façade plaquée, ce dôme enfoui, cette abside rompue, voilà la chapelle d'Aix. L'architecte de 1353 voulait absorber dans sa prodigieuse chapelle l'église de Charlemagne, dévastée en 882 par les Normands, et le dôme d'Othon III, incendié en 1236. Un système de chapelles basses, rattachées à la base de la grande chapelle centrale, devait, au portail près, envelopper tout l'édifice dans ses articulations Déjà deux de ces chapelles qui subsistent encore, et qui sont admirables, étaient bâties quand survint l'incendie de 1366. Cette puissante végétation architecturale s'est arrêtée là. Chose étrange, le quinzième et le seizième siècle n'ont rien fait pour cette église. Le dix-huitième et le dix-neuvième l'ont gâtée.

Cependant, il faut le dire, prise dans l'ensemble et telle qu'elle est, la chapelle d'Aix a de la masse et de la grandeur. Après quelques instants de contemplation, une majesté singulière se dégage de cet édifice extraordinaire resté inachevé comme l'œuvre de Charlemagne lui-même, et composé d'architectures qui parlent tous les styles comme son empire était composé de nations qui parlaient toutes les langues.

A tout prendre, pour le penseur qui la considère du dehors, il y a une harmonie étrange et profonde entre ce grand homme et cette grande tombe.

J'étais impatient d'entrer.

Après avoir franchi la voûte du portique et laissé derrière moi les antiques portes de bronze ornées à leur milieu d'une tête de lion et coupées carrément pour s'adapter à des architraves, ce qui a d'abord frappé mon regard, c'est une rotonde blanche à deux étages, éclairée par le haut, dans laquelle s'épanouissent de tous côtés toutes les fantaisies coquettes de l'architecture rocaille et chicorée. Puis, en abaissant mes yeux vers la terre, j'ai aperçu au milieu du pavé de cette rotonde, sous le jour blafard que laissent tomber les vitres blanches, une grande lame de marbre noir, usé par les pieds des passants, avec cette inscription en lettres de cuivre :

CAROLO MAGNO.

Rien de plus choquant et de plus effronté que cette chapelle rococo étalant ses grâces de courtisane autour de ce grand nom carlovingien. Des anges qui ressemblent à des amours, des palmes qui ressemblent à des panaches, des guirlandes de fleurs et des nœuds de ruban, voilà ce que le goût pompadour a mis sous le dôme d'Othon III et sur la tombe de Charlemagne.

La seule chose qui soit digne de l'homme et du lieu dans cette indécente chapelle, c'est une immense lampe circulaire à quarante-huit becs, d'environ douze pieds de diamètre, donnée au douzième siècle par Barberousse à Charlemagne. Cette lampe, qui est en cuivre et en argent doré, a la forme d'une couronne impériale ; elle est suspendue à la voûte, au-dessus de la lame de marbre noir, par une grosse chaîne de fer de quatre-vingt-dix pieds de long.

La lame noire a environ neuf pieds de longueur sur sept de largeur.

Il est évident, du reste, que Charlemagne avait à cette

même place un autre monument. Rien n'annonce que la dalle noire, encadrée d'un maigre filet de cuivre et entourée d'une bordure de marbre blanc, soit ancienne. Quant aux lettres CAROLO MAGNO, elles n'ont pas plus de cent ans.

Charlemagne n'est plus sous cette pierre. En 1166, Frédéric Barberousse, dont cette lampe-couronne, si magnifique qu'elle soit, ne rachète pas le sacrilége, fit déterrer le grand empereur. L'église a pris le squelette impérial et l'a dépecé comme saint, pour faire de chaque ossement une relique. Dans la sacristie voisine, un vicaire montre aux passants, et j'ai vu pour trois francs soixante-quinze centimes, prix fixe, le bras de Charlemagne, ce bras qui a tenu la boule du monde, vénérable ossement qui porte sur ses téguments desséchés cette inscription écrite pour quelques liards par un scribe du douzième siècle : *Brachium sancti Caroli Magni*. Après le bras, j'ai vu le crâne, ce crâne qui a été le moule de toute une Europe nouvelle, et sur lequel un bedeau frappe avec l'ongle.

Ces choses sont dans une armoire.

Une armoire de bois peinte en gris avec filets d'or, ornée à son sommet de quelques-uns de ces *anges pareils à des amours* dont je parlais tout à l'heure, voilà aujourd'hui le tombeau de ce Charles qui rayonne jusqu'à nous à travers dix siècles et qui n'est sorti de ce monde qu'après avoir enveloppé son nom, pour une double immortalité, de ces deux mots, *sanctus*, *magnus*, saint et grand, les deux plus augustes épithètes dont le ciel et la terre puissent couronner une tête humaine !

Une chose qui étonne, c'est la grandeur matérielle de ce crâne et de ce bras, *grandia ossa*. Charlemagne en effet était un de ces très-rares grands hommes qui sont aussi les hommes grands. Le fils de Pepin le Bref était colosse par le corps comme par l'intelligence. Il avait en hauteur sept fois la longueur de son pied, lequel est devenu mesure. C'est ce pied de roi, ce pied de Charlemagne, que nous venons de remplacer platement par le *mètre*, sacrifiant ainsi d'un seul coup l'histoire, la poésie et la langue à je ne sais quelle invention dont le genre humain s'était passé six mille ans et qu'on appelle le *système décimal*.

L'ouverture de cette armoire cause, du reste, une sorte d'éblouissement, tant elle est resplendissante d'orfévreries. Les battants en sont couverts à l'intérieur de peintures sur fond d'or, parmi lesquelles j'ai remarqué huit admirables panneaux qui sont évidemment d'Albert Durer. Outre le crâne et le bras, l'armoire contient : le cor de Charlemagne, énorme dent d'éléphant évidée et sculptée curieusement vers le gros bout ; la croix de Charlemagne, bijou où est enchâssé un morceau de la vraie croix et que l'empereur avait à son cou dans son tombeau ; un charmant· ostensoir de la renaissance donné par Charles-Quint et gâté au siècle dernier par un surcroît d'ornements sans goût ; les quatorze plaques d'or couvertes de sculptures byzantines qui ornaient le fauteuil de marbre du grand empereur ; un ostensoir donné par Philippe II, qui reproduit le profil du dôme de Milan ; la corde dont fut lié Jésus-Christ pendant la flagellation ; un morceau de l'éponge imbibée de fiel dont on l'abreuva sur la croix ; enfin, la ceinture de la sainte Vierge en tricot et la ceinture de Jésus-Christ en cuir. Cette petite lanière tordue et roulée sur elle-même comme un fouet d'écolier a occupé trois empereurs ; de Constantin, lequel apposa dessus son *sigillum*, qui y est encore et que j'y ai vu, elle est tombée à Haroun-al-Raschid qui l'a donnée à Charlemagne.

Tous ces objets vénérables sont enfermés dans d'étincelants reliquaires gothiques et byzantins, qui sont autant de chapelles, de flèches et de cathédrales microscopiques en or massif, auxquelles les saphirs, les émeraudes et les diamants tiennent lieu de vitraux.

Au milieu de ces innombrables joyaux entassés sur les deux étages de l'armoire s'élèvent, comme deux montagnes d'or et de pierreries, deux grosses châsses d'une valeur immense et d'une beauté miraculeuse. La première, la plus ancienne, qui est byzantine, entourée de niches où sont assis, la couronne en tête, seize empereurs, contient le reste des os de Charlemagne et ne s'ouvre jamais. La seconde, qui est du douzième siècle, et que Frédéric Barberousse a donnée à l'église, renferme les fameuses grandes reliques dont je vous ai parlé au commencement de cette lettre et ne s'ouvre que tous les sept ans. Une seule ouverture de cette châsse en 1496 attira cent quarante-deux mille pèlerins, et rapporta en quinze jours quatre-vingt mille florins d'or.

Cette châsse n'a qu'une clef. Cette clef est cassée en deux morceaux dont l'un est gardé par le chapitre, l'autre par le magistrat de la ville. On l'ouvre quelquefois par extraordinaire, mais seulement pour les têtes couronnées. Le roi actuel de Prusse, n'étant encore que prince royal, en demanda l'ouverture. Elle lui fut refusée.

Dans une petite armoire, voisine de la grande, j'ai vu la copie exacte en argent doré de la couronne germanique de Charlemagne. La couronne germanique carlovingienne, surmontée d'une croix, chargée de pierreries et de camées, est formée seulement d'un cercle fleuronné qui entoure la tête, et d'un demi-cercle soudé du front à la nuque avec une légère inflexion qui imite le profil de la corne ducale de Venise. Aujourd'hui, des trois couronnes qu'a portées Charlemagne il y a dix siècles comme empereur d'Allemagne, comme roi de France et comme roi des Lombards, la première, la couronne impériale, est à Vienne; la seconde, la couronne de France, est à Reims; la troisième, la couronne de fer, est à Milan (1).

_____

(1) A Monza, près Milan.

Au sortir de la sacristie, le bedeau m'a confié au suisse qui s'est mis à parcourir l'église devant moi, m'ouvrant de temps en temps de mornes armoires derrière lesquelles éclataient tout à coup des magnificences.

Ainsi, la chaire, qui a tout l'aspect d'une chaire de village, se débarrasse de sa hideuse chrysalide de bois roussâtre et vous apparaît subitement comme une splendide tour de vermeil. C'est une chaire, prodige de la ciselure et de l'orfévrerie du onzième siècle, donnée par l'empereur Henri II à la Chapelle. Des ivoires byzantins profondément fouillés, une coupe de cristal de roche avec sa soucoupe, un onyx monstrueux de neuf pouces de long, sont incrustés dans cette cuirasse d'or qui entoure le prêtre parlant au nom de Dieu, et dont la lame antérieure représente Charlemagne portant la chapelle d'Aix sur son bras.

Cette chaire est placée à l'angle du chœur, lequel occupe la merveilleuse abside de 1353. Toutes les verrières de couleur ont disparu. Les lancettes sont blanches du haut en bas. La riche tombe d'Othon III, fondateur du dôme, détruite en 1794, est remplacée par une pierre plate qui en marque l'emplacement à l'entrée du chœur. Un orgue donné par l'impératrice Joséphine affiche près de l'admirable voûte du quatorzième siècle le mauvais style de 1804. Voûte, piliers, chapiteaux, colonnettes, statues, tout le chœur est badigeonné.

Au milieu de cette abside déshonorée, le bec ouvert, l'œil irrité, les ailes à demi déployées, s'effare et frissonne l'aigle de bronze d'Othon III transformé en lutrin et tout indigné de porter le livre du plaint-chant, lui qui a le globe du monde sous ses pieds.

On aurait dû pourtant respecter cet aigle. Quand Napoléon visita la Chapelle, au monde que portait dans ses serres l'aigle d'Othon, on ajouta la foudre que j'ai vue encore aujourd'hui fixée aux deux côtés du globe impérial.

Le suisse dévisse ce tonnerre à la demande des curieux.

Sur le dos de cet aigle, comme par un triste et ironique pressentiment, le sculpteur du dixiéme siècle avait étendu une chauve-souris d'airain à face humaine, qui est là comme clouée et sur laquelle s'appuie maintenant le livre du lutrin.

A droite de l'autel est scellé le cœur de M. Antoine Berdolet, premier et dernier évêque d'Aix-la-Chapelle. Car cette église n'a jamais eu qu'un seul évêque, celui que Bonaparte avait nommé, et que son épitaphe qualifie *primus Aquisgranensis episcopus*. A présent, comme jadis, la chapelle est administrée par un chapitre que préside un doyen avec le titre de prévôt.

Dans une salle sombre de la chapelle, le suisse m'a encore ouvert une armoire. Là est le sarcophage de Charlemagne. C'est un magnifique cercueil romain en marbre blanc, sur la face antérieure duquel est sculpté, du ciseau le plus magistral, l'enlévement de Proserpine. J'ai longtemps contemplé ce bas-relief, qui a deux mille ans. A l'extrémité de la composition, quatre chevaux frénétiques, à la fois infernaux et divins, conduits par Mercure, entraînent vers un gouffre entr'ouvert dans la plinthe un char sur lequel crie, lutte et se tord avec désespoir Proserpine saisie par Pluton. La main robuste du dieu presse la gorge demi-nue de la jeune fille qui se renverse en arrière et dont la tête échevelée rencontre la figure droite et impassible de Minerve casquée. Pluton emporte la Proserpine à laquelle Minerve, la conseillère, parle bas à l'oreille. L'Amour, souriant, est assis sur le char, entre les jambes colossales de Pluton. Derrière Proserpine, se débat, selon les lignes les plus fières et les plus sculpturales, le groupe des nymphes et des furies. Les compagnes de Proserpine s'efforcent d'arrêter un char attelé de deux dra-

gons ailés et ignivomes, qui est là comme une voiture de
suite. Une des jeunes déesses, qui a saisi hardiment un
dragon par les ailes, lui fait pousser des cris de douleur.
Ce bas-relief est un poëme. C'est de la sculpture violente,
vigoureuse, exorbitante, superbe, un peu emphatique,
comme en faisait la Rome païenne, comme en eût fait
Rubens.

Ce cercueil, avant d'être le sarcophage de Charlemagne,
avait été, dit-on, le sarcophage d'Auguste.

Enfin, par un autre escalier étroit et sombre, qu'on
monté, depuis six siècles, bien des rois, bien des empereurs, bien des passants illustres, mon guide m'a conduit
jusqu'à la galerie qui forme le premier étage de la rotonde, et qu'on appelle le Hochmunster.

Là, sous une armature de bois qu'il a enlevée à demi,
et qui ne tombe jamais entièrement que pour les visiteurs
couronnés, j'ai vu le fauteuil de pierre de Charlemagne.
Ce fauteuil, bas, large, à dossier arrondi, formé de quatre
lames de marbre blanc, nues et sans sculptures, assemblées par des chevrons de fer, ayant pour siége une planche de chêne recouverte d'un coussin de velours rouge,
est exhaussé sur six degrés dont deux sont de granit et
quatre de marbre blanc.

Sur ce fauteuil, revêtu des quatorze plaques byzantines
dont je vous parlais tout à l'heure, au haut d'une estrade
de pierre à laquelle conduisaient ces quatre marches de
marbre blanc, la couronne en tête, le globe dans une main
et le sceptre dans l'autre, l'épée germanique au côté, le
manteau de l'empire sur les épaules, la croix de Jésus-
Christ au cou, les pieds plongeant au sarcophage d'Auguste, l'empereur Charlemagne était assis dans son tombeau. Il est resté dans cette ombre, sur ce trône et dans
cette attitude pendant trois cent cinquante-deux ans, de
814 à 1166.

Ce fut donc en 1166 que Frédéric Barberousse, voulant avoir un fauteuil pour son couronnement, entra dans ce tombeau dont aucune tradition n'a conservé la forme monumentale, et auquel appartenaient les deux saintes portes de bronze adaptées aujourd'hui au portail. Barberousse était lui-même un prince illustre et un vaillant chevalier. Ce dut être un moment étrange et redoutable que celui où cet homme couronné se trouva face à face avec ce cadavre également couronné; l'un, dans toute la majesté de l'empire; l'autre, dans toute la majesté de la mort. Le soldat vainquit l'ombre, le vivant déposséda le trépassé. La chapelle garda le squelette, Barberousse prit le fauteuil de marbre; et, de cette chaise où avait siégé le néant de Charlemagne, il fit le trône où est venue s'asseoir pendant quatre siècles la grandeur des empereurs.

Trente-six empereurs, en effet, y compris Barberousse, ont été sacrés et couronnés sur ce fauteuil dans le Hochmunster d'Aix-la-Chapelle. Ferdinand Ier fut le dernier; Charles-Quint l'avant-dernier. — Depuis, le couronnement des empereurs d'Allemagne s'est fait à Francfort.

Je ne pouvais m'arracher d'auprès de ce fauteuil si simple et si grand. Je considérais les quatre marches de marbre rayées par le talon de ces trente-six césars qui avaient vu s'allumer là leur illustre rayonnement et qui s'étaient éteints à leur tour. Des idées et des souvenirs sans nombre me venaient à l'esprit. Je me rappelais que le violateur de ce sépulcre, Frédéric Barberousse, devenu vieux, voulut se croiser pour la seconde ou la troisième fois et alla en Orient. Là, un jour, il rencontra un beau fleuve. Ce fleuve était le Cydnus. Il avait chaud et il eut la fantaisie de s'y baigner. L'homme qui avait profané Charlemagne pouvait oublier Alexandre. Il entra dans le fleuve, dont l'eau glaciale le saisit. Alexandre, jeune

homme, avait failli y mourir ; — Barberousse, vieillard, y
mourut (1).

Un jour, je n'en doute pas, une pensée pieuse et sainte
viendra á quelque roi ou á quelque empereur. On ôtera
Charlemagne de l'armoire où des sacristains l'ont mis, et
on le replacera dans sa tombe. On réunira religieusement
tout ce qui reste de ce grand squelette. On lui rendra son
caveau byzantin, ses portes de bronze, son sarcophage
romain, son fauteuil de marbre exhaussé sur l'estrade de
pierre et orné de quatorze plaques d'or. On reposera le
diadéme carlovingien sur ce crâne, la boule de l'empire
sur ce bras, le manteau de drap d'or sur ces ossements.
L'aigle d'airain reprendra fièrement sa place aux pieds de
ce maître du monde. On disposera autour de l'estrade
toutes les châsses d'orfévrerie et de diamants comme les
meubles et les coffres de cette dernière chambre royale ;
et alors, — puisque l'Eglise veut qu'on puisse contempler
ses saints sous la forme que leur a donnée la mort, — par
quelque lucarne étroite taillée dans l'épaisseur du mur et
croisée de barreaux de fer, à la lueur d'une lampe suspendue à la voûte du sépulcre, le passant agenouillé pourra
voir, au haut de ces quatre marches blanches qu'aucun
pied humain ne touchera plus, sur un fauteuil de marbre
écaillé d'or, la couronne au front, le globe à la main, res-

(1) La chose est diversement racontée par les historiens. Selon
d'autres chroniqueurs, c'est en voulant traverser le Cydnus ou
le Cyrocadnus de vive force, que l'illustre empereur Frédéric II,
atteint d'une flèche sarrasine au milieu du fleuve, s'y noya. Selon
les légendes, il ne s'y noya pas, il y disparut, fut sauvé par des
pâtres, au dire des uns, par des génies, au dire des autres, et fut
miraculeusement transporté de Syrie en Allemagne, où il fit pé-
nitence dans la fameuse grotte de Kaiserslautern, si l'on en croit
les contes des bords du Rhin, ou dans la caverne de Kiffhæuser,
si l'on en croit les traditions du Würtemberg.

plendir vaguement dans les ténèbres ce fantôme impérial
qui aura été Charlemagne.

Ce sera une grande apparition pour quiconque osera ha-
sarder son regard dans ce caveau. et chacun emportera de
cette tombe une grande pensée. On y viendra des extrémités de la terre, et toutes les espèces de penseurs y vien-
dront. Charles, fils de Pépin, est en effet un de ces êtres
complets qui regardent l'humanité par quatre faces. Pour
l'histoire, c'est un grand homme comme Auguste et Sé-
sostris; pour la fable, c'est un paladin comme Roland, un
magicien comme Merlin; pour l'Eglise, c'est un saint
comme Jérôme et Pierre; pour la philosophie, c'est la civilisation même qui se personnifie, qui se fait géant tous
les mille ans pour traverser quelque profond abîme, les
guerres civiles, la barbarie, les révolutions, et qui s'appelle alors tantôt César, tantôt Charlemagne, tantôt Napoléon.

En 1804, au moment où Bonaparte devenait Napoléon,
il visita Aix-la-Chapelle. Joséphine, qui l'accompagnait,
eut le caprice de s'asseoir sur le fauteuil de marbre. L'empereur, qui, par respect, avait revêtu son grand uniforme, laissa faire cette créole. Lui resta immobile, debout, silencieux, et découvert devant la chaise de Charlemagne.

Chose remarquable et qui me vient ici en passant, en
814 Charlemagne mourut. Mille ans après, en quelque
sorte heure pour heure, en 1814, Napoléon tomba.

Dans cette même année fatale, 1814, les souverains alliés firent leur visite à l'ombre du grand Charles. Alexandre de Russie, comme Napoléon, avait revêtu son grand
uniforme; Frédéric-Guillaume de Prusse portait la capote
et la casquette de petite tenue; François d'Autriche était
en redingote et en chapeau rond. Le roi de Prusse monta
deux des marches de marbre et se fit expliquer par le pré-

vôt du chapitre le détail du couronnement des empereurs
d'Allemagne. Les deux empereurs gardèrent le silence.

Aujourd'hui Napoléon, Joséphine, Alexandre, Frédéric-
Guillaume et François sont morts.

Mon guide, qui me donnait tous ces détails, est un ancien soldat français d'Austerlitz et d'Iéna, fixé depuis à
Aix-la-Chapelle et devenu Prussien par la grâce du congrès
de 1815. Maintenant il porte le baudrier et la hallebarde
devant le chapitre dans les cérémonies. J'admirais la Providence qui éclate dans les plus petites choses. Cet homme,
qui parle aux passants de Charlemagne, est plein de Napoléon. De là, à son insu même, je ne sais quelle grandeur dans ses paroles. Il lui venait des larmes aux yeux
quand il me racontait ses anciennes batailles, ses anciens
camarades, son ancien colonel. C'est avec cet accent qu'il
m'a entretenu du maréchal Soult, du colonel Graindorge,
et, sans savoir combien ce nom m'intéressait, du général
Hugo. Il avait reconnu en moi un Français, et je n'oublierai jamais avec quelle solennité simple et profonde il me
dit en me quittant : — *Vous pourrez dire, monsieur, que
vous avez vu à Aix-la-Chapelle un sapeur du trente-
sixième régiment suisse de la cathédrale.*

Dans un autre moment il m'avait dit : — *Tel que vous
me voyez, monsieur, j'appartiens à trois nations : je suis
Prussien de hasard, Suisse de métier, Français de cœur.*

Du reste, je dois convenir que son ignorance militaire
des choses ecclésiastiques m'avait fait sourire plus d'une
fois pendant le cours de cette visite, notamment dans le
chœur, lorsqu'il me montrait les stalles en me disant avec
gravité : *Voici les places des chamoines.* Ne pensez-vous
pas que cela doive s'écrire *chats-moines?*

En quittant la chapelle, j'étais tellement absorbé par
une pensée unique, que c'est à peine si j'ai regardé à quelques pas de l'église une façade, pourtant fort belle, du

quatorzième siècle, ornée de sept fières statues d'empereurs, qui donne passage aujourd'hui dans je ne sais quel
cloaque. Et puis en ce moment-là il m'est survenu une
distraction. Deux visiteurs comme moi sortaient de la chapelle, où mon vieux soldat venait probablement de les
piloter pendant quelques minutes. Comme ils riaient aux
éclats, je me suis retourné. J'ai reconnu deux voyageurs
dont le plus âgé avait écrit, le matin même, devant moi
son nom sur le registre de l'*hôtel de l'Empereur*, monsieur le comte d'A—, un des plus vieux et des plus nobles
noms de l'Artois. Ils parlaient haut.

— Voilà des noms! disaient-ils, il a fallu la révolution
pour produire de ces noms-là Le capitaine Lasoupe! le
colonel Graindorge! Mais d'où cela sort-il? — C'étaient
les noms du capitaine et du colonel de mon pauvre vieux
suisse, qui leur en avait apparemment parlé comme à
moi. Je n'ai pu m'empêcher de leur répondre : « D'où
cela sort? je vais vous le dire, messieurs. Le colonel
Graindorge était arrière-petit-cousin du maréchal de Lor-
ges, beau-père du duc de Saint-Simon ; et quant au capitaine Lasoupe, je lui suppose quelque parenté avec le duc
de Bouillon, oncle de l'électeur palatin.

Quelques instants après j'étais sur la place de l'Hôtel-
de-Ville, où j'avais hâte d'arriver.

L'hôtel de ville d'Aix est, comme la chapelle, un édifice
fait de cinq ou six autres édifices. Des deux côtés d'une
sombre façade à fenêtres longues, étroites et rapprochées,
qui date de Charles-Quint, s'élèvent deux beffrois, l'un
bas, rond, large et écrasé; l'autre haut, svelte et quadrangulaire. Le second beffroi est une belle construction du
quatorzième siècle. Le premier est tout simplement la
fameuse tour de Granus, qu'on a peine à reconnaître sous
l'étrange clocher contourné dont elle est coiffée. Ce clocher, qui se répète plus petit sur l'autre tour, semble une

pyramide de turbans gigantesques de toutes les formes et
de toutes les dimensions mis les uns sur les autres et dé-
croissant selon un angle assez aigu. Au bas de la façade
se développe un vaste escalier composé comme l'escalier de la cour du Cheval-Blanc à Fontainebleau. Vis-à-
vis, au centre de la place, une fontaine de marbre de la
renaissance, quelque peu retouchée et refaite par le dix-
huitième siècle, supporte, au-dessus d'une large coupe
d'airain, la statue de bronze de Charlemagne armé et couronné. A droite et à gauche deux autres fontaines plus petites portent à leur sommet deux aigles noirs effarouchés
et terribles, à demi tournés vers le grave et tranquille
empereur.

C'est là, sur cet emplacement, dans cette tour romaine
peut-être, qu'est né Charlemagne.

Cette fontaine, cette façade, ces beffrois, tout cet ensemble, est royal, mélancolique et sévère. Charlemagne est
encore là tout entier. Il résume dans sa puissante unité
les disparates de cet édifice. La tour de Granus rappelle
Rome, sa devancière; la façade et les fontaines rappellent
Charles-Quint, le plus grand de ses successeurs. Il n'y a
pas jusqu'à la figure orientale du beffroi qui ne vous fasse
vaguement songer à ce magnifique kalife Haroun-al-Raschid, son ami.

Le soir approchait, j'avais passé toute ma journée en
présence de ces grands et austères souvenirs, il me semblait que j'avais sur moi la poussière de dix siècles; j'é-
prouvais le besoin de sortir de la ville, de respirer, de
voir les champs, les arbres, les oiseaux. Cela m'a conduit
hors d'Aix-la-Chapelle, dans de fraîches allées vertes où
je suis resté jusqu'à la nuit, errant le long des vieilles
murailles. Aix-la-Chapelle a encore sa ceinture de tours.
Vauban n'a point passé par là. Seulement les souterrains,
qui allaient des chambres basses de l'hôtel de ville et des

caveaux de la chapelle jusqu'à l'abbaye de Borcette et même jusqu'à Limbourg, sont aujourd'hui comblés et perdus.

Comme la nuit tombait, je me suis assis sur une pente de gazon. Aix-la-Chapelle s'étalait tout entière devant moi, posée dans sa vallée comme dans une vasque gracieuse. Peu à peu la brume du soir, gagnant les toits dentelés des vieilles rues, a effacé le contour des deux beffrois, qui, mêlés par la perspective aux clochers de la ville, rappellent confusément le profil moscovite et asiatique du Kremlin. Il ne s'est plus détaché de toute cette cité que deux masses distinctes, l'hôtel de ville et la chapelle. Alors toutes mes émotions, toutes mes pensées, toutes mes visions de la journée, me sont revenues en foule. La ville elle-même, cette illustre et symbolique ville, s'est comme transfigurée dans mon esprit et sous mon regard. La première des deux masses noires que je distinguais encore, et que je distinguais seules, n'a plus été pour moi que la crèche d'un enfant; la seconde que l'enveloppe d'un mort; et par moments, dans la contemplation profonde où j'étais comme enseveli, il me semblait voir l'ombre de ce géant que nous nommons Charlemagne se lever lentement sur ce pâle horizon de nuit entre ce grand berceau et ce grand tombeau.

LETTRE X

COLOGNE.

Tout ce que l'auteur n'a pas vu à Cologne. — Droits régaliens
des uniformes bleus avec collets oranges sur les valises et sacs
de nuit. — Qu'à Cologne il ne faut pas se loger à Cologne. —
Le voyageur va au hasard. — Rencontre d'un poëte et d'une
tour. — Le brin d'herbe ronge les cathédrales. — Apparition
du dôme de Cologne au crépuscule. — Un paysage rétrospectif.
— Le voyageur regarde en arrière et ne pousse aucun cri d'admiration. — Effets de jupons courts. — Description d'un musicien. — Description d'un chasseur. — Les quatre dieux G. —
Pourquoi on paye si cher à l'hôtel de l'Empereur d'Aix-la-Chapelle. — L'auteur se voit aux vitres d'un libraire et donne sa
malédiction à toutes les caricatures qu'on vend comme étant
ses portraits. — L'auteur dit un mal affreux des éditeurs qui
publient ce livre. — Grandeur des serviettes en Allemagne. —
Immensité des draps. — Quelques détails touchant les hôtelle-
ries. — Grattez le Français, vous trouvez l'Allemand. — Seconde visite à la cathédrale. — Cruelle extrémité où sont ré-
duits aujourd'hui les va-nu-pieds. — Intérieur de l'église. —
Impression désagréable et singulière. — Mariage mal assorti
du tapage et du recueillement. — Les verrières. — A quoi
sert un rayon de soleil. — Comes Emundus. — L'auteur fait
le pédant. — L'auteur se livre à sa manie et examine chaque
pierre de l'église. — Ce qui empêche l'archevêque de Cologne
de cacher son âge. — Importance et beauté du chœur. — Détail. — L'auteur ne laisse pas échapper l'occasion de se faire
des ennemis de tous les bedeaux, custodes, marguilliers et
sacristains de Cologne. — Le tombeau des trois mages. —
Néant des choses à propos d'un clou dans un pavé. — Il
ne reste de l'épitaphe et du blason de Marie de Médicis que
de quoi déchirer la botte de l'auteur. — Le logis d'Ibach,

Sterngasse, n° 10. — L'auteur saisit avec empressement l'occasion de se faire un ennemi irréconciliable de l'architecte actuel de la cathédrale de Cologne. — L'hôtel de ville. — Mode particulier de croissance et de végétation des hôtels de ville. — Comment est construite la maison de ville de Cologne. — Vérités. — L'auteur, pouvant se faire un ennemi mortel de l'architecte actuel de l'hôtel de Ville de Paris, n'a garde d'en négliger l'occasion. — Qu'avait donc fait Corneille à ce monsieur qui a vécu, à ce qu'il paraît, dans ces derniers temps, et qu'on appelait monsieur Andrieux? — Le voyageur au haut du beffroi. — Cologne à vol d'oiseau. — Vingt-sept églises. — L'auteur considère un porche avec amour, comme il sied de considérer les porches. — Après un porche, un porc — Un porc épique. — La grande harangue du petit vieillard. — ..... nous aime, j'ai presque dit nous attend. — L'auteur prend la liberté de refaire la vignette que monsieur Jean-Marie Farina colle sur ses boîtes d'eau admirable de Cologne.

Bords du Rhin. Andernach, 11 août.

Cher ami, je suis indigné contre moi-même. J'ai traversé Cologne comme un barbare. A peine y ai-je passé quarante-huit heures. Je comptais y rester quinze jours; mais, après une semaine presque entière de brume et de pluie, un si beau rayon de soleil est venu luire sur le Rhin, que j'ai voulu en profiter pour voir le paysage du fleuve dans toute sa richesse et dans toute sa joie. J'ai donc quitté Cologne ce matin par le bateau à vapeur le *Cockerill*. J'ai laissé la ville d'Agrippa derrière moi, et je n'ai vu ni les vieux tableaux de Sainte-Marie-au-Capitole, ni la crypte pavée de mosaïques de Saint-Géréon, ni la Crucifixion de saint Pierre, peinte par Rubens pour la vieille église demi-romaine de Saint-Pierre où il fut baptisé, ni les ossements des onze mille vierges dans le cloître des Ursulines, ni le cadavre imputréfiable du martyr Albinus, ni le sarcophage d'argent de saint Cunibert, ni le tom-

beau de Duns Scotus dans l'église des Minorites; ni le sépulcre de l'impératrice Théophanie, femme d'Othon II,
dans l'église de Saint-Pantaléon; ni le Maternus-Gruft
dans l'église de Lisolphe, ni les deux chambres d'or du
couvent de Sainte-Ursule et du dôme; ni la salle des diè-
tes de l'empire, aujourd'hui entrepôt de commerce; ni le
vieux arsenal, aujourd'hui magasin de blé. Je n'ai rien vu
de tout cela. C'est absurde, mais c'est ainsi.

Qu'ai-je donc visité à Cologne? La cathédrale et l'hôtel
de ville; rien de plus. Il faut être dans une admirable
ville comme Cologne pour que ce soit peu de chose. Car
ce sont deux rares et merveilleux édifices.

Je suis arrivé à Cologne après le soleil couché. Je me
suis dirigé sur-le-champ vers la cathédrale, après avoir
chargé de mon sac de nuit un de ces dignes commission-
naires en uniforme bleu avec collet orange, qui travaillent
dans ce pays pour le roi de Prusse (excellent et lucratif
travail, je vous assure; le voyageur est rudement taxé, et le
commissionnaire partage avec le roi). Ici un détail utile :
avant de quitter ce brave homme (le commissionnaire), je
lui ai donné l'ordre, à sa grande surprise, de porter mon
bagage, non dans un hôtel de Cologne, mais dans un hôtel
de Deuz, qui est une petite ville de l'autre côté du Rhin
jointe à Cologne par un pont de bateaux. Voici ma raison :
je choisis, autant que possible, l'horizon et le paysage que
j'aurai dans ma croisée quand je dois garder plusieurs
jours la même auberge. Or les fenêtres de Cologne regardent Deuz, et les fenêtres de Deuz regardent Cologne; ce
qui m'a fait prendre auberge à Deuz, car je me suis posé
à moi-même ce principe incontestable : Mieux vaut habiter Deuz et voir Cologne qu'habiter Cologne et voir Deuz.

Une fois seul, je me suis mis à marcher devant moi,
cherchant le dôme et l'attendant à chaque coin de rue.
Mais je ne connaissais pas cette ville inextricable, l'ombre

du soir s'était épaissie·dans ces rues étroites; je n'aime
pas à demander ma route, et j'ai erré assez longtemps au
hasard.

Enfin, après m'être aventuré sous une espèce de porte-
cochère dans une espèce de cour terminée vers la gauche
par une espèce de corridor, j'ai débouché tout à coup sur
une assez grande place parfaitement obscure et déserte.

Là, j'ai eu un magnifique spectacle. Devant moi, sous
la lueur fantastique d'un ciel crépusculaire, s'élevait et
s'élargissait, au milieu d'une foule de maisons basses à
pignons capricieux, une énorme masse noire, chargée d'aiguilles et de clochetons; un peu plus loin, à une portée
d'arbalète, se dressait, isolée, une autre masse noire,
moins large et plus haute, une espèce de grosse forteresse
carrée, flanquée à ses quatre angles de quatre longues
tours engagées, au sommet de laquelle se profilait je ne
sais quelle charpente étrangement inclinée qui avait la
figure d'une plume gigantesque posée comme sur un casque au front du vieux donjon. Cette croupe, c'était une
abside; ce donjon, c'était un commencement de clocher;
cette abside et ce commencement de clocher, c'était la
cathédrale de Cologne.

Ce qui me semblait une plume noire penchée sur le ci-
mier du sombre monument, c'était l'immense grue symbolique que j'ai revue le lendemain bardée et cuirassée de
lames de plomb, et qui, du haut de sa tour, dit à quiconque passe que cette basilique inachevée sera continuée,
que ce tronçon de clocher et ce tronçon d'église, séparés
à cette heure par un si vaste espace, se rejoindront un
jour et vivront d'une vie commune; que le rêve d'Engelbert de Berg, devenu édifice sous Conrad de Hochsteden,
sera dans un siècle ou deux la plus grande cathédrale du
monde, et que cette iliade incomplète espère encore des
Homères.

L'église était fermée. Je me suis approché du clocher ;
les dimensions en sont énormes. Ce que j'avais pris pour
des tours aux quatre angles, c'était tout simplement le
renflement des contre-forts. Il n'y a encore d'édifié que le
rez-de-chaussée, et le premier étage composé d'une colossale ogive, et déjà la masse bâtie atteint presque à la hauteur des tours de Notre-Dame de Paris. Si jamais la flèche
projetée se dresse sur ce monstrueux billot de pierre,
Strasbourg ne sera rien à côté. Je doute que le clocher de
Malines lui-même, inachevé aussi, soit assis sur le sol
avec cette carrure et cette ampleur.

Je l'ai dit ailleurs, rien ne ressemble à une ruine
comme une ébauche. Déjà les ronces, les saxifrages et les
pariétaires, toutes les herbes qui aiment à ronger le ci-
ment et à enfoncer leurs ongles dans les jointures des
pierres, ont escaladé le vénérable portail. L'homme n'a
pas fini de construire que la nature détruit déjà.

La place était silencieuse. Personne n'y passait. Je m'é-
tais approché du portail aussi près que me le permettait
une riche grille de fer du quinzième siècle qui le protége,
et j'entendais murmurer paisiblement au vent de nuit ces
innombrables petites forêts qui s'installent et prospèrent
sur toutes les saillies des vieilles masures. Une lumière
qui a paru à une fenêtre voisine a éclairé un moment sous
les voussures une foule d'exquises statuettes assises, anges et saints qui lisent dans un grand livre ouvert sur
leurs genoux, ou qui parlent et prêchent, le doigt levé.
Ainsi les uns étudient, les autres enseignent. Admirable
prologue pour une église, qui n'est autre chose que le
Verbe fait marbre, bronze et pierre ! La douce maçonnerie
des nids d'hirondelles se mêle de toutes parts comme un
correctif charmant à cette sévère architecture.

Puis la lumière s'est éteinte, et je n'ai plus rien vu que
la vaste ogive de quatre-vingts pieds toute grande ouverte,

sans châssis et sans abat-vent, éventrant la tour du haut
en bas et laissant pénétrer mon regard dans les ténébreuses entrailles du clocher. Dans cette fenêtre s'inscrivait,
amoindrie par la perspective, la fenêtre opposée, toute
grande ouverte également et dont la rosace et les meneaux,
comme tracés à l'encre, se découpaient avec une pureté
inexprimable sur le ciel clair et métallique du crépuscule.
Rien de plus mélancolique et de plus singulier que cette élégante petite ogive blanche dans cette grande ogive noire.

Voilà quelle a été ma première visite à la cathédrale de
Cologne.

Je ne vous ai rien dit de la route d'Aix-la-Chapelle à
Cologne. Il n'y a pas grand'chose à en dire. C'est un pur
et simple paysage picard ou tourangeau, une plaine verte
ou blonde avec un orme tortu de temps en temps et quelque pâle rideau de peupliers au fond. Je ne hais pas ce
genre paisible, mais j'en jouis sans cris d'enthousiasme.
Dans les villages, les vieilles paysannes passent comme des
spectres enveloppées dans de longues mantes d'indienne
grise ou rose tendre dont le capuchon se rabat sur leurs
yeux; les jeunes, en jupons courts, coiffées d'un petit
serre-tête couvert de paillons et de verroteries qui cache
à peine leurs magnifiques cheveux rattachés au-dessus de
la nuque par une large flèche d'argent, lavent allégrement le devant des maisons, et, en se baissant, montrent
leurs jarrets aux passants comme dans les vieux maîtres
hollandais. Pour ce qui est des hommes, ils sont ornés
d'un sarrau bleu et d'un chapeau tromblon, comme s'ils
étaient les paysans d'un pays constitutionnel.

Quant à la route, il avait plu, elle était fort détrempée.
Je n'y ai rencontré personne, si ce n'est, par instants,
quelque jeune musicien blond, maigre et pâle, allant aux
redoutes d'Aix-la-Chapelle ou de Spa, son havre-sac sur le
flanc, sa contre-basse couverte d'une loque verte sur le

dos, son bâton d'une main, son cornet à piston de l'autre;
vêtu d'un habit bleu, d'un gilet fleuri, d'une cravate
blanche et d'un pantalon demi-collant retroussé au-dessus
des bottes à cause de la boue; pauvre diable arrangé par
le haut pour le bal et par le bas pour le voyage. J'ai vu
aussi, dans un champ voisin du chemin, un chasseur local
ainsi costumé : un chapeau rond vert-pomme avec grosse
cocarde lilas en satin fané, blouse grise, grand nez,
fusil.

Dans une jolie petite ville carrée, flanquée de murailles
de briques et de tours en ruine, qui est à moitié chemin et
dont j'ignore le nom, j'ai fort admiré quatre magnifiques
voyageurs assis, croisées ouvertes, au rez-de-chaussée d'une
auberge, devant une table pantagruélique encombrée de
viandes, de poissons, de vins, de pâtés et de fruits; bu-
vant, coupant, mordant, tordant, dépeçant, dévorant; l'un
rouge, l'autre cramoisi, le troisième pourpre, le quatrième
violet, comme quatre personnifications vivantes de la vo-
racité et de la gourmandise. Il m'a semblé voir le dieu
Goulu, le dieu Glouton, le dieu Goinfre et le dieu Gou-
liaf, attablés autour d'une montagne de mangeaille.

Du reste, les auberges sont excellentes dans ce pays, en
exceptant toutefois celle où je logeais à Aix-la-Chapelle,
laquelle n'est que passable (l'*Hôtel de l'Empereur*), et où
j'avais dans ma chambre, pour me tenir les pieds chauds,
un superbe tapis peint sur le plancher, magnificence qui
motive probablement l'exorbitante cherté dudit gasthof.

Pour en finir avec Aix-la-Chapelle, je vous dirai que la
contrefaçon y fleurit comme en Belgique. Dans une grande
rue qui aboutit à la place de l'Hôtel-de-Ville, je me suis
vu exposé aux vitres d'une boutique côte à côte avec La-
martine, illustre et chère compagnie. Le portrait *contre-
fait* de cette réimpression prussienne était un peu moins
laid que toutes ces horribles caricatures que les marchands

d'images et les libraires, y compris mes éditeurs de Paris, vendent au public crédule et épouvanté comme étant ma ressemblance exacte; abominable calomnie, contre laquelle je proteste ici solennellement. *Cœlum hoc et conscia sidera testor.*

Je vis d'ailleurs comme un parfait Allemand. Je dîne avec des serviettes grandes comme des mouchoirs, je couche dans des draps grands comme des serviettes. Je mange du gigot aux cerises et du lièvre aux pruneaux, et je bois d'excellent vin du Rhin et d'excellent vin de Moselle qu'un Français ingénieux, dînant hier à quelques pas de moi, appelait du *vin de demoiselle.* Ce même Français, après avoir dégusté sa carafe, formulait cet axiome : *L'eau du Rhin ne vaut pas le vin du Rhin.*

Dans les auberges, hôte, hôtesse, valets et servantes ne parlent qu'allemand; mais il y a toujours un garçon qui parle français, français, à la vérité, quelque peu coloré par le milieu tudesque dans lequel il est plongé; mais cette variété n'est pas sans charme. Hier j'entendais ce même voyageur, mon compagnon, demander au garçon, en lui montrant le plat qu'on venait de lui servir : « Qu'est-ce que cela? » Le garçon a répondu avec dignité : *C'est des bichons.* C'étaient des pigeons.

Du reste, un Français qui, comme moi, ne sait pas l'allemand, perd sa peine s'il adresse à ce « premier garçon, » comme on l'appelle ici, des questions autres que les questions prévues et imprimées dans le *Guide des Voyageurs.* Ce garçon est tout simplement verni de français; pour peu qu'on veuille creuser, on trouve l'allemand, l'allemand pur, l'allemand sourd.

J'arrive maintenant à ma seconde visite au dôme de Cologne.

J'y suis retourné dès le matin. — On aborde cette

11.

église chef-d'œuvre par une cour de masure. Là, les pauvresses vous assiégent. Tout en leur distribuant quelque
monnaie locale, je me rappelais qu'avant l'occupation
française il y avait à Cologne douze mille mendiants, lesquels avaient le privilége de transmettre à leurs enfants
les places fixes et spéciales où chacun d'eux se tenait.
Cette institution a disparu. Les aristocraties s'écroulent.
Notre siècle n'a pas plus respecté la gueuserie héréditaire
que la pairie héréditaire. Maintenant les va-nu-pieds ne
savent plus que léguer à leur famille.

Les pauvresses franchies, on pénètre dans l'église.

Une forêt de piliers, de colonnes et de colonnettes em-
barrassées à leur base de palissades en planches et se per-
dant à leur sommet dans un enchevêtrement de voûtes
surbaissées, faites en voliges, et de courbes différentes et de
hauteurs inégales; peu de jour dans l'église; toutes ces
voûtes basses et ne laissant pas monter le regard au delà
d'une quarantaine de pieds; à gauche quatre ou cinq verrières éclatantes descendant du plafond de bois au pavé de
pierre comme de larges nappes de topazes, d'émeraudes
et de rubis; à droite un fouillis d'échelles, de poulies, de
cordages, de bigues, de treuils et de palans; au fond le
plain-chant, la voix grave des chantres et des prében-
diers, le beau latin des psaumes traversant la voûte par
lambeaux mêlé à des bouffées d'encens, un orgue admirable pleurant avec une ineffable suavité; au premier plan
le grincement des scies, le gémissement des chèvres et
des grues, le tapage assourdissant des marteaux sur les
planches : voilà comment m'est apparu l'intérieur du dôme
de Cologne.

Cette cathédrale gothique mariée à un atelier de char-
pentier, cette noble chanoinesse brutalement épousée par
un maçon, cette grande dame obligée d'associer patiemment ses habitudes tranquilles, sa vie auguste et discrète,

ses chants, sa prière, son recueillement, à ces outils, à ce vacarme, à ces dialogues grossiers, à ce travail de mauvaise compagnie, toute cette *mésalliance* produit d'abord une impression bizarre, qui tient à ce que nous ne voyons plus bâtir d'églises gothiques, et qui se dissipe au bout d'un instant quand on songe qu'après tout rien n'est plus simple. La grue du clocher a un sens. On a repris l'œuvre interrompue en 1499. Tout ce tumulte de charpentiers et de tailleurs de pierre est nécessaire. On continue la cathédrale de Cologne; et, s'il plaît à Dieu, on l'achèvera. Rien de mieux, si l'on sait l'achever.

Ces piliers portant ces voûtes de bois, c'est la nef ébauchée qui réunira un jour l'abside au clocher.

J'ai examiné les verrières, qui sont du temps de Maximilien et peintes avec la robuste et magnifique exagération de la Renaissance allemande. Là, abondent ces rois et ces chevaliers aux visages sévères, aux tournures superbes, aux panaches monstrueux, aux lambrequins farouches, aux morions exorbitants, aux épées énormes, armés comme des bourreaux, cambrés comme des archers, coiffés comme des chevaux de bataille. Ils ont près d'eux leurs femmes, ou, pour mieux dire, leurs femelles formidables, agenouillées dans les coins des vitraux avec des profils de lionnes et de louves. Le soleil passe à travers ces figures, leur met de la flamme dans les prunelles et les fait vivre.

Une de ces verrières reproduit ce beau motif que j'ai déjà rencontré tant de fois, la généalogie de la Vierge. Au bas du tableau, le géant Adam, en costume d'empereur, est couché sur le dos. De son ventre sort un grand arbre qui remplit le vitrail entier, et sur les branches duquel apparaissent tous les ancêtres couronnés de Marie, David jouant de la harpe, Salomon pensif; au haut de l'arbre, dans un compartiment gros bleu, la dernière fleur s'entr'ouvre et laisse voir la Vierge portant l'Enfant.

Quelques pas plus loin j'ai lu sur un gros pilier cette épitaphe triste et résignée :

> INCLITVS ANTE FVI, COMES EMVNDVS
> VOCITATVS, HIC NECE PROSTRATVS, SUB
> TEGOR VT VOLVI. FRISHEIM, SANCTE,
> MEVM FERO, PETRE, TIBI COMITATVM,
> ET MIHI REDDE STATVM, TE PRECOR,
> ÆTHEREVM. HÆC LAPIDVM MASSA
> COMITIS COMPLECTITVR OSSA.

Je transcris cette épitaphe ainsi qu'elle est disposée sur une table verticale de pierre, comme de la prose, sans indication des hexamètres et des pentamètres un peu barbares qui forment des distiques. Le vers à césure rimante qui clôt l'inscription renferme une faute de quantité, *massa*, qui m'a étonné, car le moyen âge savait faire des vers latins.

Le bras gauche du transept n'est encore qu'indiqué et se termine par un grand oratoire, froid, laid, ennuyeux et mal meublé, à quelques confessionnaux près. Je me suis hâté de rentrer dans l'église, et, en sortant de l'oratoire, trois choses m'ont frappé presque à la fois : à ma gauche, une charmante petite chaire du seizième siècle très-spirituellement inventée et très-délicatement coupée dans le chêne noir; un peu plus loin, la grille du chœur, modèle rare et complet de l'exquise serrurerie du quinzième siècle; vis-à-vis de moi, une fort belle tribune à pilastres trapus et à arcades basses, dans le style de notre arrière-Renaissance, que je suppose avoir été pratiquée là pour la triste reine réfugiée Marie de Médicis.

À l'entrée du chœur, dans une élégante armoire rococo, étincelle et reluit une vraie madone italienne chargée de paillettes et de clinquants, ainsi que son bambino. Au-dessous de cette opulente madone aux bracelets et aux colliers de perles, on a mis, comme antithèse apparemment, un massif tronc pour les pauvres, façonné au douzième siècle, enguirlandé de chaînes et de cadenas de fer et à demi enfoncé dans un bloc de granit grossièrement sculpté. On dirait un billot scellé dans un pavé.

Comme je levais les yeux, j'ai vu pendre à l'ogive au-dessus de ma tête des bâtons dorés attachés par un bout à une tringle transversale. A côté de ces bâtons il y a cette inscription : — *Quot pendere vides baculos, tot episcopus annos huic Agrippinæ præfuit ecclesiæ.* — J'aime cette façon sévère de compter les années, et de rendre perpétuellement visible aux yeux de l'archevêque le temps qu'il a déjà employé ou perdu. Trois bâtons pendent à la voûte en ce moment.

Le chœur, c'est l'intérieur de cette abside célèbre qui est encore à cette heure, pour ainsi dire, toute la cathédrale de Cologne, puisque la flèche manque au clocher, la voûte à la nef et le transept à l'église.

Dans ce chœur les richesses abondent. Ce sont des sacristies pleines de boiseries délicates, des chapelles pleines de sculptures sévères ; des tableaux de toutes les époques, des tombeaux de toutes les formes ; des évêques de granit couchés dans une forteresse, des évêques de pierre de touche couchés sur un lit porté par une procession de figurines éplorées, des évêques de marbre couchés sous un treillis de fer, des évêques de bronze couchés à terre, des évêques de bois agenouillés devant des autels ; des lieutenants généraux du temps de Louis XIV accoudés sur leurs sépulcres, des chevaliers du temps des croisades gisant avec leur chien qui se frotte amoureusement contre leurs pieds d'acier ; des statues d'apôtres vêtues de robes d'or : des confessionnaux de chêne à colonnes torses ; de nobles stalles canonicales ; des fonts baptismaux gothiques qui ont la forme d'un cercueil ; des

retables d'autel chargés de statuettes; de beaux fragments
de vitraux; des Annonciations du quinzième siècle sur
fond d'or, avec les riches ailes multicolores en dessus,
blanches en dessous, de leur ange qui regarde et convoite
presque la Vierge; des tapisseries peintes sur des dessins
de Rubens; des grilles de fer qu'on croirait de Metzis-
Quentin, des armoires à volets peintes et dorées qu'on
croirait de Franc-Floris.

Tout cela, il faut le dire, est honteusement délabré. Si
quelqu'un construit la cathédrale de Cologne au dehors,
je ne sais qui la démolit à l'intérieur. Pas un tombeau
dont les figurines ne soient arrachées ou tronquées; pas
une grille qui ne soit rouillée où elle a été dorée. La
poussière, la cendre et l'ordure sont partout. Les mouches
déshonorent la face vénérable de l'archevêque Philippe de
Heinsberg. L'homme d'airain qui est couché sur la dalle,
qui s'appelle Conrad de Hochstetten, et qui a pu bâtir
cette cathédrale, ne peut aujourd'hui écraser les araignées
qui le tiennent lié à terre comme Gulliver sous leurs innombrables fils. Hélas! les bras de bronze ne valent pas les
bras de chair.

Je crois bien qu'une statue barbue de vieillard couché,
que j'ai aperçue dans un coin obscur, brisée et mutilée,
est de Michel-Ange. Ceci me rappelle que j'ai vu à Aix-la-
Chapelle, gisantes dans un angle du vieux cloître-cime-
tière, comme des troncs d'arbres qui attendent l'équarris-
seur, ces fameuses colonnes de marbre antiques prises
par Napoléon et reprises par Blücher. Napoléon les avait
prises pour le Louvre, Blücher les a reprises pour le char-
nier.

Une des choses que je dis le plus souvent dans ce monde,
c'est : « A quoi bon? »

Je n'ai vu dans toute cette dégradation que deux tombes
un peu respectées et parfois époussetées, les cénotaphes des

comtes de Schauenbourg. Les deux comtes de Schauenbourg sont un de ces couples qui semblent avoir été pré-
vus par Virgile. Tous deux ont été frères, tous deux ont
été archevêques de Cologne, tous deux ont été enterrés
dans le même chœur, tous deux ont de fort belles tombes du dix-septième siècle dressées vis-à-vis l'une de
l'autre. Adolphe regarde Antoine.

J'ai omis jusqu'ici à dessein, pour vous en parler avec
quelque détail, la construction la plus vénérée que con-
tienne la cathédrale de Cologne, le fameux tombeau des
trois mages. C'est une assez grosse chambre de marbre de
toutes couleurs fermée d'épais grillages de cuivre; architecture hybride et bizarre où les deux styles de Louis XIII
et de Louis XV confondent leur coquetterie et leur lour-
deur. Cela est situé derrière le maître-autel dans la chapelle culminante de l'abside. Trois turbans mêlés au dessin du grillage principal frappent d'abord le regard. On
lève les yeux, et l'on voit un bas-relief représentant l'*Ado-
ration des mages;* on les abaisse, et on lit ce médiocre
distique :

Corpora sanctorum recubant hic terna magorum.
Ex his sublatum nihil est alibive locatum.

Ici une idée à la fois riante et grave s'éveille dans l'esprit. C'est donc là que gisent ces trois poétiques rois de
l'Orient qui vinrent, conduits par l'étoile, *ab Oriente vene-
runt,* et qui adorèrent un enfant dans une étable, *et pro-
cidentes adoraverunt.* J'ai adoré à mon tour. J'avoue que
rien au monde ne me charme plus que cette légende des
Mille et une Nuits enchâssée dans l'Evangile. Je me suis
approché de ce tombeau et à travers le grillage jalouse-
ment serré, derrière une vitre obscure, j'ai aperçu dans
l'ombre un grand et merveilleux reliquaire byzantin en or

massif, étincelant d'arabesques, de perles et de diamants,
absolument comme on entrevoit à travers les ténèbres de
vingt siècles, derrière le sombre et austère réseau des
traditions de l'Eglise, l'orientale et éblouissante histoire
des Trois-Rois.

Des deux côtés du grillage vénéré deux mains de cuivre
doré sortent du marbre et entr'ouvrent chacune une au-
mônière au-dessous de laquelle le chapitre a fait graver
cette provocation indirecte : — *Et apertis thesauris suis
obtulerunt ei munera.*

Vis-à-vis du tombeau brûlent trois lampes de cuivre
dont l'une porte ce nom : *Gaspar*, l'autre *Melchior*, la
troisième *Balthazar*. C'est une idée ingénieuse d'avoir en
quelque sorte allumé, devant ce sépulcre, les trois noms
des trois mages.

Comme j'allais me retirer, je ne sais quelle pointe a
percé la semelle de ma botte; j'ai baissé les yeux, c'était
la tête d'un clou de cuivre enfoncé dans une large dalle de
marbre noir sur laquelle je marchais. Je me suis souvenu,
en examinant cette pierre, que Marie de Médicis avait
voulu que son cœur fût déposé sous le pavé de la cathédrale de Cologne devant la chapelle des Trois-Rois. Cette
dalle que je foulais aux pieds recouvre sans doute ce cœur.
Il y avait autrefois sur cette dalle, où l'on en distingue
encore l'empreinte, une lame de cuivre ou de bronze doré
portant, selon la mode allemande, le blason et l'épitaphe
de la morte et au scellement de laquelle servait le clou
qui a déchiré ma botte. Quand les Français ont occupé Cologne, les idées révolutionnaires, et probablement aussi
quelque chaudronnier spéculateur, ont déraciné cette lame
fleurdelisée, comme d'autres d'ailleurs qui l'entouraient,
car une foule de clous de cuivre sortant des dalles voisines
attestent et dénoncent beaucoup d'arrachements du même
genre. Ainsi, pauvre reine! elle s'est vue d'abord effacée du

cœur de Louis XIII, son fils, puis du souvenir de Richelieu, sa créature; la voilà maintenant effacée de la terre!

Et que la destinée a d'étranges fantaisies! Cette reine
Marie de Médicis, cette veuve de Henri IV, exilée, aban-
donnée, indigente comme l'a été, quelques années plus
tard, sa fille Henriette, veuve de Charles Ier, est venue
mourir à Cologne en 1642, dans le logis d'Ibach, Sterngasse, nº 10, dans la maison même où soixante-cinq ans
auparavant, en 1577, Rubens, son peintre, était né.

Le dôme de Cologne, revu au grand jour, dépouillé de
ce grossissement fantastique que le soir prête aux objets
et que j'appelle la *grandeur crépusculaire*, m'a paru, je
dois le dire, perdre un peu de sa sublimité. La ligne en
est toujours belle, mais elle se profile avec quelque sécheresse. Cela tient peut-être à l'acharnement avec lequel
l'architecte actuel rebouche et mastique cette vénérable
abside. Il ne faut pas trop remettre à neuf les vieilles
églises. Dans cette opération, qui amoindrit les lignes en
voulant les fixer, le vague mystérieux du contour s'évanouit. A l'heure qu'il est, comme masse, j'aime mieux le
clocher ébauché que l'abside parfaite. Dans tous les cas,
n'en déplaise à quelques raffinés qui voudraient faire du
dôme de Cologne le Parthénon de l'architecture chrétienne,
je ne vois, pour ma part, aucune raison de préférer ce
chevet de cathédrale à nos vieilles Notre-Dame complètes d'Amiens, de Reims, de Chartres et de Paris.

J'avoue même que la cathédrale de Beauvais, demeurée,
elle aussi, à l'état d'abside, à peine connue, fort peu van-
tée, ne me paraît inférieure, ni pour la masse, ni pour les
détails, à la cathédrale de Cologne.

L'hôtel de ville de Cologne, situé assez près du dôme,
est un de ces ravissants édifices-arlequins faits de pièces
de tous les temps et de morceaux de tous les styles qu'on
rencontre dans les anciennes communes qui se sont elles-

mêmes construites, lois, mœurs et coutumes, de la même
manière. Le mode de formation de ces édifices et de ces
coutumes est curieux à étudier. Il y a eu agglomération
plutôt que construction, croissance successive, agrandis-
sement capricieux, empiétement sur les voisinages; rien
n'a été fait d'après un plan régulier et tracé d'avance; tout
s'est produit au fur et à mesure, selon les besoins surgis-
sants.

Ainsi l'hôtel de ville de Cologne, qui a probablement
quelque cave romaine dans ses fondations, n'était vers
1250 qu'un grave et sévère logis à ogives comme notre
Maison-aux-Piliers; puis on a compris qu'il fallait un beffroi pour les tocsins, pour les prises d'armes, pour les
veilleurs de nuit, et le quatorzième siècle a édifié une
belle tour bourgeoise et féodale tout à la fois; puis, sous
Maximilien, le souffle joyeux de la Renaissance commençait à agiter les sombres feuillages de pierre des cathédrales, un goût d'élégance et d'ornement se répandait partout; les échevins de Cologne ont senti le besoin de faire
la toilette de leur maison de ville, ils ont appelé d'Italie
quelque architecte élève du vieux Michel-Ange ou de
France quelque sculpteur ami du jeune Jean Goujon, et
ils ont ajusté sur leur noire façade du treizième siècle un
porche triomphant et magnifique. Quelques années plus
tard, il leur a fallu un promenoir à côté de leur greffe, et
ils se sont bâti une charmante arrière-cour à galeries sous
arcades, somptueusement égayée de blasons et de bas-reliefs, que j'ai vue, et que dans deux ou trois ans personne
ne verra, car on la laisse tomber en ruine. Enfin, sous
Charles Quint, ils ont reconnu qu'une grande salle leur
était nécessaire pour les encans, pour les criées, pour les
assemblées de bourgeois, et ils ont érigé vis-à-vis de leur
beffroi et de leur porche un riche corps de logis en brique
et en pierre du plus beau goût et de la plus noble ordon-

nance. — Aujourd'hui, nef du treizième siècle, beffroi du quatorzième, porche et arrière-cour de Maximilien, halle de Charles-Quint, vieillis ensemble par le temps, chargés de traditions et de souvenirs par les événements, soudés et groupés par le hasard de la façon la plus originale et la plus pittoresque, forment l'hôtel de ville de Cologne.

Soit dit en passant, mon ami, et comme produit de l'art et comme expression de l'histoire, ceci vaut un peu mieux que cette froide et blafarde bâtisse, bâtarde par sa triple devanture encombrée d'archivoltes, bâtarde par l'économique et mesquine monotonie de son ornementation où tout se répète et où rien n'étincelle, bâtarde par ses toits tronqués sans crêtes et sans cheminées, dans laquelle des maçons quelconques noient aujourd'hui, à la face même de notre bonne ville de Paris, le ravissant chef-d'œuvre du Bocador. Nous sommes d'étranges gens, nous laissons démolir l'hôtel de la Trémouille et nous bâtissons cette chose! Nous souffrons que des messieurs qui se croient et se disent architectes baissent sournoisement de deux ou trois pieds, c'est-à-dire défigurent complétement le charmant toit aigu de Dominique Bocador, pour l'appareiller, hélas! avec les affreux combles aplatis qu'ils ont inventés. Serons-nous donc toujours le même peuple qui admire Corneille et qui le fait retoucher, émonder et corriger par M. Andrieux? — Tenez, revenons à Cologne.

Je suis monté sur le beffroi, et de là, sous un ciel gris et morne, qui n'était pas sans harmonie avec ces édifices et avec mes pensées, j'ai vu à mes pieds toute cette admirable ville.

Cologne sur le Rhin, comme Rouen sur la Seine, comme Anvers sur l'Escaut, comme toutes les villes appuyées à un cours d'eau trop large pour être aisément franchi, a la forme d'un arc tendu dont le fleuve fait la corde.

Les toits sont d'ardoise, serrés les uns contre les au-

tres, pointus comme des cartes pliées en deux; les rues
sont étroites, les pignons sont taillés. Une courbe rougeâtre de murailles et de douves en briques qui reparaît partout au-dessus des toits presse la ville comme un ceintu-
ron bouclé au fleuve même, en aval par la tourelle Thurmchen, en amont par cette superbe tour Bayenthurme, dans
les créneaux de laquelle se dresse un évêque de marbre
qui bénit le Rhin. De la Thurmchen à la Bayenthurme la
ville développe sur le bord du fleuve une lieue de fenêtres et de façades. Vers le milieu de cette longue ligne un
grand pont de bateaux, gracieusement courbé contre le
courant, traverse le fleuve, fort large en cet endroit, et va
sur l'autre rive rattacher à ce vaste morceau d'édifices noirs,
qui est Cologne, Deuz, petit bloc de maisons blanches.

Dans le massif même de Cologne, au milieu des toits,
des tourelles et des mansardes pleines de fleurs, montent
et se détachent les faîtes variés de vingt-sept églises parmi
lesquelles, sans compter la cathédrale, quatre majestueuses
églises romanes, toutes d'un dessin différent, dignes par
leur grandeur et leur beauté d'être cathédrales elles-
mêmes, Saint-Martin au nord, Saint-Géréon à l'ouest, les
Saints-Apôtres au sud, Sainte-Marie–du-Capitole au levant,
s'arrondissent comme d'énormes nœuds d'absides, de tours
et de clochers.

Si l'on examine le détail de la ville, tout vit et palpite;
le pont est chargé de passants et de voitures, le fleuve est
couvert de voiles, la grève est bordée de mâts. Toutes les
rues fourmillent, toutes les croisées parlent, tous les toits
chantent. Çà et là de vertes touffes d'arbres caressent doucement ces noires maisons, et les vieux hôtels de pierre
du quinzième siècle mêlent à la monotonie des toits d'ardoise et des devantures de briques leur longue frise de
fleurs, de fruits et de feuillages sculptés, sur laquelle les
colombes viennent se poser avec joie.

Autour de cette grande commune, marchande par son
industrie, militaire par sa position, marinière par son
fleuve, s'étale et s'élargit dans tous les sens une vaste et
riche plaine qui s'affaisse et plie du côté de la Hollande,
que le Rhin traverse de part en part et que couronne au
nord-est de ses sept croupes historiques ce nid merveilleux de traditions et de légendes qu'on appelle les Sept-
Montagnes.

Ainsi la Hollande et son commerce, l'Allemagne et sa
poésie, se dressent comme les deux grands aspects de l'esprit humain, le positif et l'idéal, sur l'horizon de Cologne,
ville elle-même de négoce et de rêverie.

En redescendant du beffroi, je me suis arrêté dans la
cour devant le charmant porche de la renaissance. Je l'ap-
pelais tout à l'heure *porche triomphant*, j'aurais dû dire
porche triomphal; car le second étage de cette exquise
composition est formé d'une série de petits arcs de triomphe accostés comme des arcades et dédiés, par des inscriptions du temps, le premier à César, le deuxième à Auguste, le troisième à Agrippa, le fondateur de Cologne
(*Colonia Agrippina*); le quatrième à Constantin, l'empereur chrétien; le cinquième à Justinien, l'empereur légis-
lateur; le sixième à Maximilien, l'empereur vivant. Sur la
façade le sculpteur-poëte a ciselé trois bas-reliefs représentant les trois dompteurs de lions, Milon de Crotone,
Pépin le Bref et Daniel. Aux deux extrémités il a mis Milon de Crotone qui terrassait les lions par la puissance du
corps, et Daniel qui les soumettait par la puissance dé
l'esprit; entre Daniel et Milon, comme un lien naturel tenant à la fois de l'un et de l'autre, il a placé Pépin le
Bref qui attaquait les bêtes féroces avec ce mélange de
vigueur physique et de vigueur morale qui fait le soldat.
Entre la force pure et la pensée pure, le courage. Entre
l'athlète et le prophète, le héros.

Pépin a l'épée à la main, son bras gauche enveloppé de
son manteau est plongé dans la gueule du lion ; le lion,
griffes et mâchoires ouvertes, est dressé sur ses pieds de
derrière dans l'attitude formidable de ce que le blason appelle le lion rampant ; Pépin lui fait face vaillamment, il
combat. Daniel est debout, immobile, les bras pendants,
les yeux levés au ciel pendant que les lions amoureux se
roulent à ses pieds ; l'esprit ne lutte pas, il triomphe.
Quant à Milon de Crotone, les bras pris dans l'arbre, il se
débat, le lion le dévore ; c'est l'agonie de la présomption
inintelligente et aveugle qui a cru dans ses muscles et
dans ses poings ; la force pure est vaincue. — Ces trois
bas-reliefs sont d'un grand sens. Le dernier est d'un effet
terrible. Je ne sais quelle idée effrayante et fatale se dégage, à l'insu peut-être du sculpteur lui-même, de ce
sombre poëme. C'est la nature qui se venge de l'homme,
la végétation et l'animal qui font cause commune, le chêne
qui vient en aide au lion.

Malheureusement, archivoltes, bas-reliefs, entable-
ments, impostes, corniches et colonnes, tout ce beau porche est restauré, raclé, rejointoyé et badigeonné avec la
propreté la plus déplorable.

Comme j'allais sortir de l'hôtel de ville, un homme,
vieilli plutôt que vieux, dégradé plutôt que courbé, d'aspect misérable et d'allure orgueilleuse, traversait la cour.
Le concierge qui m'avait conduit sur le beffroi me l'a fait
remarquer. Cet homme est un poëte, qui vit de ses rentes
dans les cabarets et qui fait des épopées. Nom d'ailleurs
parfaitement inconnu. Il a fait, m'a dit mon guide, qui
l'admirait fort, des épopées contre Napoléon, contre la
Révolution de 1830, contre les romantiques, contre les
Français, et une autre belle épopée pour inviter l'architecte actuel de Cologne à continuer l'église dans le genre
du Panthéon de Paris. Epopées soit. Mais cet homme est

d'une saleté rare. Je n'ai vu de ma vie un drôle moins
brossé. Je ne crois pas que nous ayons en France rien de
comparable à ce poëte-épic.

En revanche, quelques instants plus tard, au moment
où je traversais je ne sais quelle rue étroite et obscure,
un petit vieillard à l'œil vif est sorti brusquement d'une
boutique de barbier et est venu à moi en criant : *Monsieur ! monsieur ! fous Français ! oh ! les Français ! ran !
plan ! plan ! ran ! tan ! plan ! la guerre à toute le monde !
Prafes ! prafes ! Napolion, n'est-ce pas ? La guerre à
toute l'Europe ! Oh ! les Français ! pien prafes ! monsieur !
La païonnelle au qui à tous ces Priciens ! eine ponne
quilpile gomme à Iéna ! Prafo les Français ! ran ! plan !
plan !*

J'avoue que la harangue m'a plu. La France est grande
dans les souvenirs et dans les espérances de ces nobles
nations. Toute cette rive du Rhin nous aime, — j'ai presque dit nous attend.

Le soir, comme les étoiles s'allumaient, je me suis promené de l'autre côté du fleuve, sur la grève opposée à Cologne. J'avais devant moi toute la ville, dont les pignons
sans nombre et les clochers noirs se découpaient avec
tous leurs détails sur le ciel blafard du couchant. A ma
gauche se levait, comme la géante de Cologne, la haute
flèche de Saint-Martin avec ses deux tourelles percées à
jour. Presque en face de moi la sombre abside-cathédrale,
dressant ses mille clochetons aigus, figurait un hérisson
monstrueux, accroupi au bord de l'eau, dont la grue du
clocher semblait former la queue et auquel deux réverbères
allumés vers le bas de cette masse ténébreuse faisaient des
yeux flamboyants. Je n'entendais dans cette ombre que le
frissonnement caressant et discret du flot à mes pieds, les
pas sourds d'un cheval sur les planches du pont de bateaux, et au loin, dans une forge que j'entrevoyais, la son-

nerie éclatante d'un marteau sur une enclume. Aucun au·
tre bruit de la ville ne traversait le Rhin. Quelques vitres
scintillaient vaguement, et au-dessous de la forge, four-
naise embrasée, point étincelant, pendait et se dispersait
dans le fleuve une longue trainée lumineuse, comme si
cette poche pleine de feu se vidait dans l'eau.

De ce beau et sombre ensemble se dégageait dans ma
pensée une mélancolique rêverie. Je me disais : — La
cité germaine a disparu, la cité d'Agrippa a disparu, la
ville de saint Engelbert est encore debout. Mais combien
de temps durera-t-elle? Le temple bâti là-bas par sainte
Hélène est tombé il y a mille ans; l'église construite par
l'archevêque Anno tombera. Cette ville est usée par son
fleuve. Tous les jours quelque vieille pierre, quelque vieux
souvenir, quelque vieille coutume s'en détache au frotte-
ment de vingt bateaux à vapeur. Une ville n'est pas impu-
nément posée sur la grosse artère de l'Europe. Cologne,
quoique moins ancienne que Trèves et Soleure, les deux
plus vieilles communes du continent, s'est déjà déformée
et transformée trois fois au rapide et violent courant d'i-
dées qui la traverse, remontant et descendant sans cesse
des villes de Guillaume le Taciturne aux montagnes de
Guillaume Tell, et apportant à Cologne de Mayence les affluents de l'Allemagne, et de Strasbourg les affluents de la
France. Voici qu'une quatrième époque climatérique semble se déclarer pour Cologne. L'esprit du *positivisme* et
de l'*utilitarisme*, comme parlent les barbares d'à présent,
la pénètre et l'envahit; les nouveautés s'engagent de toutes
parts dans le labyrinthe de son antique architecture; les
rues neuves font de larges trouées à travers cet entasse-
ment gothique; « le bon goût moderne » s'y installe, y
bâtit des façades-Rivoli et y jouit bêtement de l'admiration
des boutiquiers; il y a des rimeurs ivres qui conseillent à
la cité de Conrad le Panthéon de Soufflot. Les tombeaux

des archevêques tombent en ruine dans cette cathédrale
continuée aujourd'hui par la vanité, non par la foi. Les
splendides paysannes vêtues d'écarlate et coiffées d'or et
d'argent ont disparu ; des grisettes parisiennes se promè-
nent sur le quai ; j'ai vu aujourd'hui tomber les dernières
briques sèches du cloître roman de Saint-Martin, on va y
construire un café-Tortoni ; de longues rangées de maisons blanches donnent au féodal et catholique faubourg
des Martyrs-de-Thèbes je ne sais quel faux air des Bati-
gnolles. Un omnibus passe l'immémorial pont de bateaux
et chemine pour six sous d'Agrippina à Tuitium. — Hélas !
les vieilles villes s'en vont !

LETTRE XI

A PROPOS DE LA MAISON IBACH.

Philosophie. — Comment les causes se comportent pour produire les effets. — Curiosité du hasard. — Leçons de la Providence. — Chaos d'où se dégage un ordre profond et effrayant. — Rapprochements. — Éclairs inattendus et jaillis-
sants. — Un reproche au roi Charles Ier. — Une question sur
Marie de Médicis. — Louis XIV. Grande figure dans une gloire.

Andernach.

Mon ami! mon ami! ce que font les choses, elles le savent peut-être; mais à coup sûr, et d'autres que moi l'ont
dit, les hommes, eux, ne savent ce qu'ils font Souvent,
en confrontant l'histoire avec la nature, au milieu de ces
comparaisons éternelles que mon esprit ne peut s'empêcher de faire entre les événements où Dieu se cache et la
création où il se montre, j'ai tressailli tout à coup avec une
secrète angoisse, et je me suis figuré que les forêts, les
lacs, les montagnes, le profond tonnerre des nuées, la
fleur qui hoche sa petite tête quand nous passons, l'étoile
qui cligne de l'œil dans les fumées de l'horizon, l'océan
qui parle et qui gronde et qui semble toujours avertir
quelqu'un, étaient des choses clairvoyantes et terribles,

pleines de lumière et pleines de science, qui regardaient
en pitié se mouvoir à tâtons au milieu d'elles, dans la
nuit qui lui est propre, l'homme, cet orgueil auquel l'im-
puissance lie les bras, cette vanité à laquelle l'ignorance
bande les yeux. Rien en moi ne répugne à ce que l'arbre
ait la conscience de son fruit; mais, certes, l'homme n'a
pas la conscience de sa destinée.

La vie et l'intelligence de l'homme sont à la merci de je
ne sais quelle machine obscure et divine, appelée par les
uns la *providence*, par les autres le *nasard*, qui mêle,
combine et décompose tout, qui dérobe ses rouages dans
les ténèbres et qui étale ses résultats au grand jour. On
croit faire une chose, et l'on en fait une autre. *Urceus
exit.* L'histoire est pleine de cela. Quand le mari de Cathe-
rine de Médicis et l'amant de Diane de Poitiers se laisse
aller à de mystérieuses distractions près de Philippe Duc,
la belle fille piémontaise, ce n'est pas seulement Diane
d'Angoulême qu'il engendre pour Horace Farnèse, c'est la
future réconciliation de celui de ses fils qui sera Henri III
avec celui de ses cousins qui sera Henri IV. Quand le duc
de Nemours descend au galop les degrés de la Sainte-Cha-
pelle sur son roussin le *Réal,* ce n'est pas seulement la
folie des jeux dangereux qu'il met à la mode, c'est la
mort du roi de France qu'il prépare. Le 10 juillet 1559,
dans les lices de la rue Saint-Antoine, quand Montgommery, ruisselant de sueur sous son vaste panache rouge,
assure sa lance en arrêt et pique des deux à l'encontre de
ce beau cavalier fleurdelisé applaudi de toutes les dames,
il ne se doute pas de toutes les choses prodigieuses qu'il
tient dans sa main. Jamais baguette de fée n'aura travaillé
comme cette lance. D'un seul coup Montgommery va tuer
Henri II, démolir le palais des Tournelles et bâtir la place
Royale, c'est-à-dire bouleverser la comédie providentielle,
supprimer le personnage et changer le décor.

Lorsque Charles II d'Angleterre, après la bataille de Worcester, se cache dans le creux d'un chêne, il croit se cacher, rien de plus ; pas du tout, il nomme une constellation, le *Chêne royal*, et il donne à Halley l'occasion de taquiner la renommée de Tycho. Le second mari de madame de Maintenon, en révoquant l'édit de Nantes, et le parlement de 1688, en expulsant Jacques II, ne font autre chose que rendre possible cette étrange bataille d'Almanza où l'on vit face à face, sur le même terrain, l'armée française commandée par un Anglais, le maréchal de Berwick, et l'armée anglaise commandée par un Français, Ruvigny, lord Galloway. Si Louis XIII n'était pas mort le 14 mai 1643, l'idée ne serait pas venue au vieux comte de Fontana d'attaquer Rocroy dans les cinq jours ; et un héroïque prince de vingt-deux ans n'aurait pas eu cette magnifique occasion du 19 mai, qui a fait du duc d'Enghien le grand Condé. Et au milieu de tout ce tumulte de faits qui encombrent les chronologies, que d'échos singuliers, que de parallélismes extraordinaires, que de contre-coups formidables ! En 1664, après l'offense faite au duc de Créqui son ambassadeur, Louis XIV fait bannir les Corses de Rome ; cent quarante ans plus tard, Napoléon Buonaparte exile de France les Bourbons.

Que d'ombre ! et que d'éclairs dans cette ombre ! Vers 1612, lorsque le jeune Henri de Montmorency, alors âgé de dix-sept ans, voyait aller et venir chez son père, parmi les gentilshommes domestiques, apportant l'aiguière et donnant à laver, dans l'humble attitude du service, un pâle et chétif page, le petit de Laubespine de Châteauneuf, qui lui eût dit que ce page, si respectueusement incliné devant lui, deviendrait sous-diacre, que ce sous-diacre deviendrait garde des sceaux, que ce garde des sceaux présiderait par commission le parlement de Toulouse, et que, vingt ans plus tard, ce page-sous-diacre-président demanderait sournoisement des dispenses au pape afin de pouvoir le faire décapiter, lui, le maître de ce drôle, lui Henri II, duc de Montmorency, maréchal de France par le choix de l'épée, pair du royaume par la grâce de Dieu ! Quand le président de Thou, dans son livre, fourbissait, aiguisait et remettait si soigneusement à neuf l'édit de Louis XI du 22 décembre 1477, qui eût dit à ce père qu'un jour ce même édit, avec Laubardemont pour manche, serait la hache dont Richelieu trancherait la tête de son fils !

Et au milieu de ce chaos il y a des lois. Le chaos n'est que l'apparence, l'ordre est au fond. Après de longs intervalles, les mêmes faits effrayants qui ont déjà fait lever les yeux à nos pères reviennent, comme des comètes, des plus ténébreuses profondeurs de l'histoire. Ce sont toujours les mêmes embûches, toujours les mêmes chutes, toujours les mêmes trahisons, toujours les mêmes naufrages aux mêmes écueils ; les noms changent, les choses persistent. Peu de jours avant la Pâque fatale de 1814, l'empereur aurait pu dire à ses treize maréchaux : *Amen dico vobis quia unus vestrûm me traditurus est.* — Toujours César adopte Brutus ; toujours Charles Ier empêche Cromwell de partir pour la Jamaïque ; toujours Louis XVI empêche Mirabeau de s'embarquer pour les Indes ; toujours et partout les reines cruelles sont punies par des fils cruels ; toujours et partout les reines ingrates sont punies par des fils ingrats. Toute Agrippine engendre le Néron qui la tuera ; toute Marie de Médicis enfante le Louis XIII qui la bannira.

Et moi-même, ne remarquez-vous pas de quelle façon étrange ma pensée arrive, d'idée en idée et presque à mon insu, à ces deux femmes, à ces deux Italiennes, à ces deux spectres, Agrippine et Marie de Médicis, qui sont les deux spectres de Cologne ! Cologne est la ville des reines mères malheureuses. A seize cents ans de distance, la fille de Germanicus, mère de Néron, et la femme de Henri IV,

mère de Louis XIII, ont attaché à Cologne leur nom et leur
souvenir. De ces deux veuves, — car une orpheline est
une veuve, — faites, la première par le poison, la seconde
par le poignard, l'une, Marie de Médicis, y est morte;
l'autre, Agrippine, y était née.

J'ai visité à Cologne la maison qui a vu expirer Marie de
France, — maison Ibach, selon les uns, maison Jabach,
selon les autres, — et, au lieu de vous dire ce que j'y ai
vu, je vous dis ce que j'y ai pensé. Pardonnez-moi, mon
ami, de ne pas vous donner cette fois tous les détails lo-
caux que j'aime et qui, selon moi, peignent l'homme, l'ex-
pliquent par son enveloppe et font aller l'esprit de l'extérieur à l'intérieur des faits. Cette fois je m'en abstiens.
J'ai peur de vous fatiguer avec mes *festons* et mes *astra-
gales.*

La triste reine est morte là le 3 juillet 1642. Elle avait
soixante-huit ans. Elle était exilée de France depuis onze
ans. Elle avait erré un peu partout, en Flandre, en Angleterre, fort à charge à tous les pays. A Londres, Charles Ier
la traita dignement; pendant trois ans qu'elle y passa, il
lui donna cent livres sterling par jour. Plus tard, je le dis
à regret, Paris rendit à la reine d'Angleterre cette hospitalité que Londres avait donnée à la reine de France. Henriette, fille de Henri IV et veuve de Charles Ier, fut logée
au Louvre dans je ne sais quel galetas, où elle restait au
lit faute d'un fagot l'hiver, attendant les quelques louis
que lui prêtait le coadjuteur. Sa mère, la veuve de Henri IV,
finit à Cologne à peu près de la même manière, — dans la
misère la plus profonde. A la demande du cardinal-minis-
tre, Charles Ier l'avait renvoyée d'Angleterre. J'en suis fâ-
ché pour le royal et mélancolique auteur de l'*Eikon Basi-
likè;* et je ne comprends pas comment l'homme qui sut
rester roi devant Cromwell ne sut pas rester roi devant
Richelieu.

Du reste, j'insiste sur ce détail plein d'une sombre signification : Marie de Médicis fut suivie de près par Richelieu, qui mourut dans la même année qu'elle, et par Louis XIII, qui mourut l'an d'après. A quoi bon toutes ces haines dénaturées entre ces trois créatures humaines, à quoi bon tant d'intrigues, tant de persécutions, tant de querelles, tant de perfidies, pour mourir tous les trois presque à la même heure? — Dieu sait ce qu'il fait.

Il y a un triste doute sur Marie de Médicis. L'ombre que jette Ravaillac m'a toujours paru toucher les plis traînants de sa robe. J'ai toujours été épouvanté de la phrase terrible que le président Hénault, sans intention peut-être, a écrite sur cette reine : — *Elle ne fut pas assez surprise de la mort de Henri IV.*

J'avoue que tout ceci me rend plus admirable l'époque claire, loyale et pompeuse de Louis XIV. Les ombres et les obscurités qui tachent le commencement de ce siècle font valoir les splendeurs de la fin. Louis XIV, c'est le pouvoir comme Richelieu, plus la majesté; c'est la grandeur comme Cromwell, plus la sérénité. Louis XIV, ce n'est pas le génie dans le maître; mais c'est le génie autour du maître, ce qui fait le roi moindre peut-être, mais le règne plus grand. Quant à moi qui aime, comme vous le savez, les choses *réussies* et complètes, sans contester toutes les restrictions qu'il faut admettre, j'ai toujours eu une sympathie profonde pour ce grave et magnifique prince si bien né, si bien venu, si bien entouré, roi dès le berceau et roi dans la tombe; vrai monarque dans la plus haute acception du mot, souverain central de la civilisation, pivot de l'Europe, auquel il fut donné d'user, pour ainsi dire, et de voir tour à tour pendant la durée de son règne paraître, resplendir et disparaître autour de son trône huit papes, cinq sultans, trois empereurs, deux rois d'Espagne, trois rois de Portugal, quatre rois et une reine d'Angleterre, trois rois de Danemark, une reine et deux rois de Suède, quatre rois de Pologne et quatre czars de Moscovie; étoile polaire de tout un siècle qui, pendant soixante-douze ans, en a vu tourner majestueusement autour d'elle toutes les constellations!

LETTRE XII

A PROPOS DU MUSÉE WALLRAF.

Biographie, monographie et épopée du pourboire. — L'estafier.
— Le conducteur. — Le postillon. — Le grand drôle. — L'autre
drôle. — Le brouetteur. — Celui qui a apporté les effets. —
La vieille femme. — Le tableau, le rideau, le bedeau. — L'individu grave et triste. — Le custode. — Le suisse. — Le
sacristain. — La face qui apparaît au judas. — Le sonneur. —
L'être importun qui vous coudoie. — L'explicateur. — Le
baragouin. — La fabrique. — Le jeune gaillard. — Encore le
bedeau. — Encore l'estafier. — Le domestique. — Le garçon
d'écurie.—Le facteur. — Le gouvernement. — « N'oubliez pas
que tout pourboire doit être au moins une pièce d'argent. »

Andernach.

Outre la cathédrale, l'hôtel de ville et la maison Ibach,
j'ai visité, au Schleis Kotten, près de Cologne, les vestiges
de l'aqueduc souterrain qui, au temps des Romains, allait
de Cologne à Trèves, et dont on trouve encore aujourd'hui
les traces dans trente-trois villages. Dans Cologne même,
j'ai vu le musée Wallraf. Je serais bien tenté de vous
en faire ici l'inventaire, mais je vous épargne. Qu'il
vous suffise de savoir que, si je n'y ai pas trouvé,
grâce aux déprédations du baron de Hubsch, le cha-

riot de guerre des anciens Germains, la fameuse momie
égyptienne et la grande coulevrine de quatre aunes
de long, fondue à Cologne en 1400; en revanche j'y ai vu
un fort beau sarcophage romain et l'armure de l'évêque
Bernard de Galen. On m'a aussi montré une énorme cuirasse qui passe pour avoir appartenu au général de l'Empire Jean de Wert; mais j'ai vainement cherché sa grande
épée longue de huit pieds et demi, sa grande pique pareille
au pin de Polyphème, et son grand casque homérique que
deux hommes, dit-on, avaient peine à soulever.

Le plaisir de voir toutes ces choses belles ou curieuses,
musées, églises, hôtels de ville, est tempéré, il faut le
dire, par la grave importunité du pourboire. Sur les bords
du Rhin, comme d'ailleurs dans toutes les contrées très-
visitées, le pourboire est un moustique fort importun, lequel revient, à chaque instant et à tout propos, piquer,
non votre peau, mais votre bourse. Or la bourse du
voyageur, cette bourse précieuse, contient tout pour lui,
puisque la sainte hospitalité n'est plus là pour le recevoir
au seuil des maisons avec son doux sourire et sa cordialité
auguste. Voici à quel degré de puissance les intelligents
naturels de ce pays ont élevé le pourboire. J'expose les
faits, je n'exagère rien. — Vous entrez dans un lieu quelconque; à la porte de la ville, un estafier s'informe de
l'hôtel où vous comptez descendre, vous demande votre
passe-port, le prend et le garde. La voiture s'arrête dans la
cour de la poste; le conducteur, qui ne vous a pas adressé
un regard pendant toute la route, se présente, vous ouvre
la portière et vous offre la main d'un air béat. Pourboire.
Un moment après, le postillon arrive à son tour, attendu
que cela lui est défendu par les règlements de police, et
vous adresse une harangue charabia qui veut dire : pourboire. On débâche; un grand drôle prend sur la voiture et
dépose à terre votre valise et votre sac de nuit. Pourboire.

Un autre drôle met le bagage sur une brouette, vous demande à quel hôtel vous allez, et se met à courir devant vous poussant sa brouette. Arrivés à l'hôtel, l'hôte surgit et entame avec vous ce petit dialogue qu'on devrait écrire dans toutes les langues sur la porte de toutes les auberges. — *Bonjour, monsieur.* — *Monsieur, je voudrais une chambre.* — *C'est fort bien, monsieur.* (A LA CANTONNADE :) *Conduisez monsieur au n° 4 !* — *Monsieur, je voudrais dîner.* — *Tout de suite, monsieur,* etc., etc. Vous montez n° 4. Votre bagage y est déjà. Un homme apparaît, c'est celui qui l'a brouetté à l'hôtel. Pourboire. Un second arrive; que veut-il? C'est lui qui a apporté vos effets dans la chambre. Vous lui dites : C'est bon, je vous donnerai en partant comme aux autres domestiques. — Monsieur, répond l'homme, je n'appartiens pas à l'hôtel. — Pourboire. Vous sortez. Une église se présente, une belle église. Il faut y entrer. Vous tournez alentour, vous regardez, vous cherchez. Les portes sont fermées. Jésus a dit : *Compelle intrare*; les prêtres devraient tenir les portes ouvertes, mais les bedeaux les ferment pour gagner trente sous. Cependant une vieille femme a vu votre embarras, elle vient à vous et vous désigne une sonnette à côté d'un petit guichet. Vous comprenez, vous sonnez, le guichet s'ouvre, le bedeau se montre; vous demandez à voir l'église, le bedeau prend un trousseau de clefs et se dirige vers le portail. Au moment où vous allez entrer dans l'église, vous vous sentez tirer par la manche; c'est l'obligeante vieille que vous avez oubliée, ingrat, et qui vous a suivi. Pourboire. Vous voilà dans l'église; vous contemplez, vous admirez, vous vous récriez. « Pourquoi ce rideau vert sur ce tableau? Parce que c'est le plus beau de l'église, dit le bedeau. — Bon, reprenez-vous. Ici on cache les beaux tableaux, ailleurs on les montrerait. — De qui est ce tableau? — De Rubens. — Je voudrais le voir. »

Le bedeau vous quitte et revient quelques minutes après
avec un individu fort grave et fort triste. C'est le custode.
Ce brave homme presse un ressort, le rideau s'ouvre, vous
voyez le tableau. Le tableau vu, le rideau se referme, et le
custode vous fait un salut significatif. Pourboire. En con-
tinuant votre promenade dans l'église, toujours remorqué
par le bedeau, vous arrivez à la grille du chœur, qui est
parfaitement verrouillée, et devant laquelle se tient debout un magnifique personnage splendidement harnaché,
c'est le suisse qui a été prévenu de votre passage et qui
vous attend. Le chœur est au suisse. Vous en faites le
tour. Au moment où vous sortez, votre cicérone empana-
ché et galonné vous salue majestueusement. Pourboire. Le
suisse vous rend au bedeau. Vous passez devant la sacristie. O miracle! elle est ouverte. Vous y entrez. Il y a un
sacristain. Le bedeau s'éloigne avec dignité, car il convient
de laisser au sacristain sa proie. Le sacristain s'empare de
vous, vous montre les ciboires, les chasubles, les vitraux
que vous verriez fort bien sans lui, les mitres de l'évêque,
et, sous une vitre, dans une boite garnie de satin blanc
fané, quelque squelette de saint habillé en troubadour. La
sacristie est vue, reste le sacristain. Pourboire. Le bedeau
vous reprend. Voici l'escalier des tours. La vue du haut
du grand clocher doit être belle, vous voulez y monter. Le
bedeau pousse silencieusement la porte; vous escaladez
une trentaine de marches de la vis-de-Saint-Gilles. Puis le
passage vous est barré brusquement. C'est une porte fermée. Vous vous retournez. Vous êtes seul. Le bedeau n'est
plus là. Vous frappez. Une face apparait à un judas. C'est
le sonneur. Il ouvre et il vous dit : *Montez, monsieur.*
Pourboire. Vous montez, le sonneur ne vous suit pas; tant
mieux, pensez-vous; vous respirez, vous jouissez d'être
seul, vous parvenez ainsi gaiement à la haute plate-forme
de la tour. Là, vous regardez, vous allez et venez, le ciel

est bleu, le paysage est superbe, l'horizon est immense.
Tout à coup vous vous apercevez que depuis quelques instants un être importun vous suit et vous coudoie et vous
bourdonne aux oreilles des choses obscures. Ceci est l'explicateur juré et privilégié, chargé de commenter aux
étrangers les magnificences du clocher, de l'église et du
paysage. Cet homme-là est d'ordinaire un bègue. Quelquefois il est bègue et sourd. Vous ne l'écoutez pas, vous le
laissez baragouiner tout à son aise, et vous l'oubliez en
contemplant l'énorme croupe de l'église, d'où les arcs-
boutants sortent comme des côtes disséquées, les mille
détails de la flèche de pierre, les toits, les rues, les pignons, les routes qui s'enfuient dans tous les sens comme
les rayons d'une roue dont l'horizon est la jante et dont
la ville est le moyeu, les plaines, les arbres, les rivières,
les collines. Quand vous avez bien tout vu, vous songez à
redescendre, vous vous dirigez vers la tourelle de l'escalier. L'homme se dresse devant vous. Pourboire. « C'est
fort bien, monsieur, vous dit-il en empochant; maintenant
voulez-vous me donner pour moi? — Comment! et ce que
je viens de vous donner? — C'est pour la fabrique, monsieur, à laquelle je redois deux francs par personne; mais
à présent, monsieur comprend bien qu'il me faut quelque
petite chose pour moi. » Pourboire. Vous redescendez. Tout
à coup une trappe s'ouvre à côté de vous. C'est la cage
des cloches. Il faut bien voir les cloches de ce beau clocher. Un jeune gaillard vous les montre et vous les
nomme. Pourboire. Au bas du clocher vous retrouvez le
bedeau, qui vous a attendu patiemment et qui vous recon-
duit avec respect jusqu'au seuil de l'église. Pourboire.
Vous rentrez à votre hôtel, et vous vous gardez bien de
demander votre chemin à quelque passant, car le pourboire saisirait cette occasion. A peine avez-vous mis le
pied dans l'auberge, que vous voyez venir à vous d'un air

amical une figure qui vous est tout à fait inconnue. C'est
l'estafier qui vous rapporte votre passe-port. Pourboire.
Vous dînez, l'heure du départ arrive, le domestique vous
apporte la carte à payer. Pourboire. Un garçon d'écurie
porte votre bagage à la diligence ou à la schnellposte.
Pourboire. Un facteur le hisse sur l'impériale. Pourboire
Vous montez en voiture, on part, la nuit tombe; vous
recommencerez demain.

Récapitulons : pourboire au conducteur, pourboire au
postillon, pourboire au débâcheur, pourboire au brouetteur, pourboire à l'homme *qui n'est pas de l'hôtel*, pourboire à la vieille femme, pourboire à Rubens, pourboire
au suisse, pourboire au sacristain, pourboire au sonneur,
pourboire au baragouineur, pourboire à la fabrique, pourboire au sous-sonneur, pourboire au bedeau, pourboire à
l'estafier, pourboire aux domestiques, pourboire au garçon
d'écurie, pourboire au facteur: voilà dix-huit pourboires
dans une journée. Otez l'église, qui est fort chère, il en
reste neuf. Maintenant calculez tous ces pourboires d'après
un minimum de cinquante centimes et un maximum de
deux francs, qui est quelquefois obligatoire (1), et vous
aurez une somme assez inquiétante. N'oubliez pas que tout
pourboire doit être une pièce d'argent. Les sous et la
monnaie de cuivre sont copeaux et balayures que le dernier goujat regarde avec un inexprimable dédain.

Pour ces peuples ingénieux, le voyageur n'est qu'un sac
d'écus qu'il s'agit de désenfler le plus vite possible. Chacun s'y acharne de son côté. Le gouvernement lui-même
s'en mêle quelquefois; il vous prend votre malle et votre
portemanteau, les charge sur ses épaules et vous tend la
main. Dans les **grandes** villes, les porteurs de bagages

(1) A Aix-la-Chapelle, pour voir les reliques, le pourboire à la
fabrique est fixé à un thaler, 3 fr. 75 c.

redoivent au trésor royal douze sous et deux liards par voyageur. Je n'étais pas depuis un quart d'heure à Aix-la-Chapelle que j'avais déjà donné pour boire au roi de Prusse.

LETTRE XIII

ANDERNACH.

Le voyageur se met à la fenêtre. —Il caractérise d'un mot profond la magnifique architecture de la barrière du Trône à Paris. —A quoi bon avoir été l'empereur Valentinien — Quand on rencontre un bossu souriant, faut-il dire *quoique* ou *parce que?* — Un rêve trouvé en marchant la nuit dans les champs. — Paysages qui se déforment au crépuscule.—La pleine lune. Qu'est-ce qu'on voit donc là-bas? — Le bloc mystérieux au haut de la colline. — Le voyageur y va.—Ce que c'était.— Le voyageur frappe à la porte. — S'il y a quelqu'un, il ne répond pas. — *L'armée de Sambre-et-Meuse à son général.* — Hoche, Marceau, Bonaparte. — Dans quelle chambre le voyageur entre.—Ce que lui montre le clair de lune. —Il regarde dans le trou où pend un bout de corde. — Ce qu'il croit entendre dire à une voix. — Il retourne à Andernach.—Le voyageur déclare que les touristes sont des niais. — Les beautés d'Andernach révélées. — L'église byzantine. —Attention que prêtaient à un verset de Job quatre enfants et un lapin. —L'église gothique. — Ce que les chevaux prussiens demandent à la sainte Vierge. — La tour vedette. — L'auteur dit quelques paroles aimables à une fée.

Andernach.

Je vous écris encore d'Andernach, sur les bords du Rhin, où je suis débarqué il y a trois jours. Andernach est un ancien municipe romain remplacé par une commune

gothique qui existe encore. Le paysage de ma fenêtre est
ravissant. J'ai devant moi, au pied d'une haute colline qui
me laisse à peine voir une étroite tranche de ciel, une
belle tour du treizième siècle, du faîte de laquelle s'élance,
complication charmante que je n'ai vue qu'ici, une autre
tour plus petite, octogone, à huit frontons, couronnée
d'un toit conique; à ma droite le Rhin et le joli village
blanc de Leutersdorf, entrevu parmi les arbres; à ma gauche les quatre clochers byzantins d'une magnifique église
du onzième siècle, deux au portail, deux à l'abside. Les
deux gros clochers du portail sont d'un profil cahoté,
étrange, mais grand; ce sont des tours carrées surmontées
de quatre pignons aigus, triangulaires, portant dans leurs
intervalles quatre losanges ardoisés qui se rejoignent par
leurs sommets et forment la pointe de l'aiguille. Sous ma
fenêtre jasent en parfaite intelligence des poules, des enfants et des canards. Au fond, là-bas, des paysans grim-
pent dans les vignes. — Au reste, il paraît que ce tableau
n'a point paru suffisant à l'homme de goût qui a décoré la
chambre où j'habite; à côté de ma croisée il en a cloué un
autre, comme pendant sans doute : c'est une image représentant deux grands chandeliers posés à terre avec
cette inscription : *Vue de Paris*. A force de me creuser la
tête, j'ai découvert qu'en effet c'était une vue de la barrière
du Trône. — La chose est ressemblante.

Le jour de mon arrivée j'ai visité l'église, belle à l'intérieur, mais hideusement badigeonnée. L'empereur Valentinien et un enfant de Frédéric Barberousse ont été enterrés
là. Il n'en reste aucun vestige. Un beau Christ au tombeau
en ronde-bosse, figure de grandeur naturelle, du quinzième
siècle; un chevalier du seizième en demi-relief, adossé au
mur; dans un grenier, un tas de figurines coloriées, en
albâtre gris, débris d'un mausolée quelconque, mais admirable, de la renaissance : c'est là tout ce qu'un sonneur

bossu et souriant a pu me faire voir pour le petit morceau
de cuivre argenté qui représente ici trente sous.

Maintenant il faut que je vous raconte une chose réelle,
une rencontre plutôt qu'une aventure, qui a laissé dans
mon esprit l'impression voilée et sombre d'un rêve.

En sortant de l'église, qui s'ouvre presque sur la campagne, j'ai fait le tour de la ville. Le soleil venait de se
coucher derrière la haute colline cultivée et boisée qui a
été un monceau de lave dans les temps antérieurs à l'histoire, et qui est aujourd'hui une carrière de basalte meu-
lière, qui dominait Artonacum il y a deux mille ans, et
qui domine aujourd'hui Andernach, qui a vu s'effacer successivement la citadelle du préfet romain, le palais des
rois d'Austrasie, des fenêtres duquel ces princes des époques naïves pêchaient des carpes dans le Rhin, la tombe
impériale de Valentinien, l'abbaye des filles nobles de Saint-
Thomas, et qui voit crouler maintenant pierre à pierre les
vieilles murailles de la ville féodale des électeurs de Trèves.

J'ai suivi le fossé qui longe ces murailles, où des masures de paysans s'adossent familièrement aujourd'hui, et qui
ne servent plus qu'à abriter contre les vents du nord des
carrés de choux et de laitues. La noble cité démantelée a
encore ses quatorze tours rondes ou carrées, mais conver-
ties en pauvres logis de jardiniers ; les marmots demi-nus
s'asseyent pour jouer sur les pierres tombées, et les jeunes
filles se mettent à la fenêtre et jasent de leurs amours dans
les embrasures des catapultes. Le châtelet formidable qui
défendait Andernach au levant n'est plus qu'une grande
ruine ouvrant mélancoliquement à tous les rayons de soleil ou de lune les baies de ses croisées défoncées, et la
cour d'armes de ce logis de guerre est envahie par un
beau gazon vert, où les femmes de la ville font blanchir
l'été la toile qu'elles ont filée l'hiver.

Après avoir laissé derrière moi la grande porte ogive

d'Andernach, toute criblée de trous de mitraille noircis par le temps, je me suis trouvé au bord du Rhin. Le sable fin coupé de petites pelouses m'invitait, et je me suis mis à remonter lentement la rive vers les collines lointaines de la Sayn. La soirée était d'une douceur charmante; la nature se calmait au moment de s'endormir. Des bergeronnettes venaient boire dans le fleuve et s'enfuyaient dans les oseraies; je voyais au-dessus des champs de tabac passer dans d'étroits sentiers des chariots attelés de bœufs et chargés de ce tuf basaltique dont la Hollande construit ses digues. Près de moi était amarré un bateau ponté de Leutersdorf, portant à sa proue cet austère et doux mot : *Pius*. De l'autre côté du Rhin, au pied d'une longue et sombre colline, treize chevaux remorquaient lentement un autre bateau, qui les aidait de ses deux grandes voiles triangulaires enflées au vent du soir. Le pas mesuré de l'attelage, le bruit des grelots et le claquement des fouets venaient jusqu'à moi. Une ville blanche se perdait au loin dans la brume; et tout au fond, vers l'orient, à l'extrême bord de l'horizon, la pleine lune, rouge et ronde comme un œil de cyclope, apparaissait entre deux paupières de nuages au front du ciel.

Combien de temps ai-je marché ainsi, absorbé dans la rêverie de toute la nature? Je l'ignore. Mais la nuit était tout à fait tombée, la campagne était tout à fait déserte, la lune éclatante touchait presque au zénith quand je me suis, pour ainsi dire, réveillé au pied d'une éminence couronnée à son sommet d'un petit bloc obscur, autour duquel se profilaient des lignes noires imitant, les unes des potences, les autres des mâts avec leurs vergues transversales. Je suis monté jusque-là en enjambant des gerbes de grosses fèves fraîchement coupées. Ce bloc, posé sur un massif circulaire en maçonnerie, c'était un tombeau enveloppé d'un échafaudage.

Pour qui ce tombeau? Pourquoi cet échafaudage?

Dans le massif de maçonnerie était pratiquée une porte cintrée et basse grossièrement fermée par un assemblage de planches. J'y ai frappé du bout de ma canne; l'habitant endormi ne m'a pas répondu.

Alors, par une rampe douce tapissée d'un gazon épais et semée de fleurs bleues que la pleine lune semblait avoir fait ouvrir, je suis monté sur le massif circulaire et j'ai regardé le tombeau.

Un grand obélisque tronqué, posé sur un énorme dé figurant un sarcophage romain, le tout, obélisque et dé, en granit bleuâtre; autour du monument et jusqu'à son faîte, une grêle charpente traversée par une longue échelle; les quatre faces du dé crevées et ouvertes comme si l'on en avait arraché quatre bas-reliefs; çà et là, à mes pieds, sur la plate-forme circulaire, des lames de granit bleu brisées, des fragments de corniches, des débris d'entablement, voilà ce que la lune me montrait.

J'ai fait le tour du tombeau, cherchant le nom du mort. Sur les trois premières façades il n'y avait rien; sur la quatrième j'ai vu cette dédicace en lettres de cuivre qui étincelaient: *L'armée de Sambre-et-Meuse à son général en chef;* et au-dessous de ces deux lignes le clair de la lune m'a permis de lire ce nom, plutôt indiqué qu'écrit:

HOCHE.

Les lettres avaient été arrachées, mais elles avaient laissé leur vague empreinte sur le granit.

Ce nom, dans ce lieu, à cette heure, vu à cette clarté, m'a causé une impression profonde et inexprimable. J'ai toujours aimé Hoche. Hoche était, comme Marceau, un de ces jeunes grands hommes ébauchés par lesquels la Providence, qui voulait que la révolution vainquît et que la

France dominât, préludait à Bonaparte; essais à moitié réussis, épreuves incomplètes que le destin brisa sitôt qu'il eut une fois tiré de l'ombre le profil achevé et sévère de l'homme définitif.

C'est donc là, pensais-je, que Hoche est mort! — Et la date héroïque du 18 avril 1797 me revenait à l'esprit.

J'ignorais où j'étais. J'ai promené mon regard autour de moi. Au nord, j'avais une vaste plaine; au sud, à une portée de fusil, le Rhin; et à mes pieds, au bas du monticule qui était comme la base de ce tombeau, un village à l'entrée duquel se dressait une vieille tour carrée.

En ce moment un homme traversait un champ à quelques pas du monument; je lui ai demandé au hasard en français le nom de ce village. L'homme, — un vieux soldat peut-être, car la guerre, autant que la civilisation, a appris notre langue à toutes les nations du monde, — l'homme m'a crié : « Weis Thurm, » puis a disparu derrière une haie.

Ces deux mots *Weiss Thurm* signifient *tour blanche;* je me suis rappelé la *Turris Alba* des Romains. Hoche est mort dans un lieu illustre. C'est là, à ce même endroit, qu'il y a deux mille ans César a passé le Rhin pour la première fois.

Que veut cet échafaudage à ce monument? Le restaure-t-on? le dégrade-t-on? Je ne sais.

J'ai escaladé le soubassement, et, en me tenant aux charpentes, par une des quatre ouvertures pratiquées dans le dé, j'ai regardé dans le tombeau. C'était une petite chambre quadrangulaire, nue, sinistre et froide. Un rayon de la lune entrant par une des crevasses y dessinait dans l'ombre une forme blanche, droite et debout contre le mur.

Je suis entré dans cette chambre par l'étroite meurtrière, en baissant la tête et en me traînant sur les genoux. Là, j'ai vu au centre du pavé un trou rond, béant, plein de ténèbres. C'est par ce trou sans doute qu'on avait autrefois descendu le cercueil dans le caveau inférieur. Une corde y pendait et s'y perdait dans la nuit. Je me suis approché. J'ai hasardé mon regard dans ce trou, dans cette ombre, dans ce caveau; j'ai cherché le cercueil; je n'ai rien vu.

A peine ai-je distingué le vague contour d'une sorte d'alcôve funèbre, taillée dans la voûte, qui se dessinait dans la pénombre.

Je suis resté là longtemps, l'œil et l'esprit vainement plongés dans ce double mystère de la mort et de la nuit. Une sorte d'haleine glacée sortait du trou du caveau comme d'une bouche ouverte.

Je ne pourrais dire ce qui se passait en moi. Cette tombe si brusquement rencontrée, ce grand nom inattendu, cette chambre lugubre, ce caveau habité ou vide, cet échafaudage que j'entrevoyais par la brèche du monument, cette solitude et cette lune enveloppant ce sépulcre, toutes ces idées se présentaient à la fois à ma pensée et la remplissaient d'ombres. Une profonde pitié me serrait le cœur. Voilà donc ce que deviennent les morts illustres exilés ou oubliés chez l'étranger! Ce trophée funèbre élevé par toute une armée est à la merci du passant. Le général français dort loin de son pays dans un champ de fèves, et des maçons prussiens font ce que bon leur semble à son tombeau.

Il me semblait entendre sortir de cet amas de pierres une voix qui disait : *Il faut que la France reprenne le Rhin.*

Une demi-heure après, j'étais sur la route d'Andernach, dont je ne m'étais éloigné que de cinq quarts de lieue.

Je ne comprends rien aux « touristes. » Ceci est un endroit admirable. Je viens de parcourir le pays, qui est superbe. Du haut des collines la vue embrasse un cirque de géants, du Siebengebürge aux crêtes d'Ehrenbreistein. Ici, il n'y a pas une pierre des édifices qui ne soit un souvenir, pas un détail de paysage qui ne soit une grâce. Les habitants ont ce visage affectueux et bon qui réjouit l'étranger. L'auberge (l'*Hôtel-de-l'Empereur*) est excellente entre les meilleures d'Allemagne. Andernach est une ville charmante; eh bien, Andernach est une ville déserte, personne n'y vient. — On va où est la cohue, à Coblenz, à Bade, à Mannheim; on ne vient pas où est l'histoire, où est la nature, où est la poésie, à Andernach.

Je suis retourné une seconde fois à l'église. L'ornementation byzantine des clochers est d'une richesse rare et d'un goût à la fois sauvage et exquis. Le portail méridional a des chapiteaux étranges et une grosse nervure-archivolte profondément fouillée. Le tympan à angle obtus porte une peinture byzantine du Crucifiement encore parfaitement visible et distincte. Sur la façade, à côté de la porte-ogive, un bas-relief peint, qui est de la renaissance, représente Jésus à genoux, les bras effarés, dans l'attitude de l'épouvante. Autour de lui tourbillonnent et se mêlent, comme dans un songe affreux, toutes les choses terribles dont va se composer sa passion, le manteau dérisoire, le sceptre de roseau, la couronne à fleurons épineux, les verges, les tenailles, le marteau, les clous, l'échelle, la lance, l'éponge de fiel, le profil sinistre du mauvais larron, le masque livide de Judas, la bourse au cou; enfin, devant les yeux du divin maître, la croix, et entre les bras de la croix, comme la suprême torture, comme la douleur la plus poignante entre toutes les douleurs, une petite colonne au haut de laquelle se dresse le coq qui chante, c'est-à-dire l'ingratitude et l'abandon d'un ami. Ce dernier détail est admirablement beau. Il y a là toute la grande théorie de la souffrance morale, pire que la souffrance physique. L'ombre gigantesque des deux gros clochers se répand sur cette sombre élégie. Autour du bas-relief, le sculpteur a gravé une légende que j'ai copiée : *(sic)*

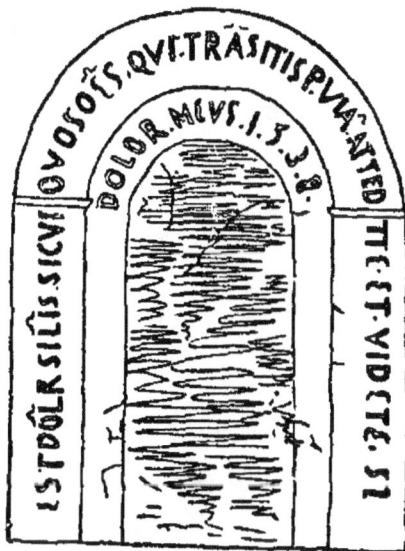

O vos omnes qui transitis per viam, attendite et videte si est dolor similis sicut dolor meus. 1538.

Devant cette sévère façade, à quelques pas de cette double lamentation de Job et de Jésus, de charmants petits enfants, gais et roses, s'ébattaient sur une pelouse verte et faisaient brouter, avec de grands cris, un pauvre lapin tout ensemble apprivoisé et effarouché. Personne autre *ne passait par le chemin.*

Il y a une seconde belle église dans Andernach. Celle-ci est gothique. C'est une nef du quatorzième siècle, aujourd'hui transformée en écurie de caserne et gardée par des cavaliers prussiens, le sabre au poing. Par la porte entr'ouverte on aperçoit une longue file de croupes de chevaux qui se perd dans l'ombre des chapelles. Au-dessus

du portail on lit : *Sancta Maria, ora pro nobis.* Ce sont
à présent les chevaux qui disent cela.

J'aurais voulu monter dans la curieuse tour que je vois
de ma croisée, et qui est, selon toute apparence, l'ancienne vedette de la ville ; mais l'escalier en est rompu et
les voûtes en sont effondrées. Il m'a fallu y renoncer. Du
reste, la magnifique masure a tant de fleurs, de si charmantes fleurs, des fleurs disposées avec tant de goût et
entretenues avec tant de soin à toutes les fenêtres, qu'on
la croirait habitée. Elle est habitée en effet, habitée par la
plus coquette et la plus farouche à la fois des habitantes,
par cette douce fée invisible qui se loge dans toutes les
ruines, qui les prend pour elle et pour elle seule, qui en
défonce tous les étages, tous les plafonds, tous les escaliers, afin que le pas de l'homme n'y trouble pas les nids
des oiseaux, et qui met à toutes les croisées et devant
toutes les portes des pots de fleurs qu'elle sait faire, en
fée qu'elle est, avec toute vieille pierre creusée par la
pluie ou ébréchée par le temps.

LETTRE XIV

LE RHIN.

Diverses déclarations d'amour à différentes choses de la création.
— L'auteur cite Boileau. — Groupe de tous les fleuves. — Histoire. — Les volcans. — Les Celtes. — Les Romains. — Les
colonies romaines. — Quelles ruines il y avait sur le Rhin il y a
douze cents ans. — Charlemagne. — Fin du Rhin historique.
— Commencement du Rhin fabuleux. — Mythologie gothique.
— Fourmillement des légendes. — Le hideux et le charmant
mêlés sous mille formes dans une lueur fantastique. — Dénom-
brement des figures chimériques. — Les fables pâlissent; le
jour se fait; l'histoire reparaît.—Ce que font quatre hommes
assis sur une pierre. — Rhens. — Triple naissance de trois
grandes choses presque au même lieu et au même moment.—
Le Rhin religieux et militaire. — Les princes ecclésiastiques
composés des mêmes éléments que le pape. — Qui se développe empiète. — Les comtes palatins protestent par le moyen
des comtesses palatines. — Etablissements des ordres de chevalerie. — Naissances des villes marchandes. — Brigands gigantesques du Rhin.— Les Burgraves. — Ce que font pendant
ce temps-là les choses invisibles. — Jean Huss. — Doucin. —
Un fait naît à Nuremberg. — Un autre fait naît à Strasbourg.—
La face du monde va changer. — Hymne au Rhin. — Ce que
le Rhin était pour Homère,—pour Virgile,—pour Shakspeare.
— Ce qu'il est pour nous. — A qui il est. —Souvenirs historiques.—Pépin le Bref.—L'empire de Charlemagne comparé
à l'empire de Napoléon. — Explication de la façon dont s'est

disloqué, de siècle en siècle et lambeau par lambeau, l'empire
de Charlemagne. — Comment Napoléon disposa le Rhin dans
la partie qu'il jouait. — Récapitulation. — Les quatre phases
du Rhin. — Le Rhin symbolique. — A quel grand fait il ressemble.

Saint-Goar, 17 août.

Vous savez, je vous l'ai dit souvent, j'aime les fleuves.
Les fleuves charrient les idées aussi bien que les marchan-
dises. Tout a son rôle magnifique dans la création. Les
fleuves, comme d'immenses clairons, chantent à l'océan la
beauté de la terre, la culture des champs, la splendeur
des villes et la gloire des hommes.

Et, je vous l'ai dit aussi, entre tous les fleuves, j'aime
le Rhin. La première fois que j'ai vu le Rhin, c'était il y a
un an, à Kehl, en passant le pont de bateaux. La nuit
tombait, la voiture allait au pas. Je me souviens que j'é-
prouvai alors un certain respect en traversant le vieux
fleuve. J'avais envie de le voir depuis longtemps. Ce n'est
jamais sans émotion que j'entre en communication, j'ai
presque dit en communion, avec ces grandes choses de la
nature qui sont aussi de grandes choses dans l'histoire.
Ajoutez à cela que les objets les plus disparates me pré-
sentent, je ne sais pourquoi, des affinités et des harmonies
étranges. Vous souvenez-vous, mon ami, du Rhône à la
Valserine? — nous l'avons vu ensemble en 1825, dans ce
doux voyage de Suisse qui est un des souvenirs lumineux
de ma vie. Nous avions alors vingt ans! — Vous rappe-
lez-vous avec quel cri de rage, avec quel rugissement fé-
roce le Rhône se précipitait dans le gouffre, pendant que
le frêle pont de bois tremblait sous nos pieds? Eh bien,
depuis ce temps-là, le Rhône éveillait dans mon esprit l'i-
dée du tigre, le Rhin y éveillait l'idée du lion.

Ce soir-là, quand je vis le Rhin pour la première fois,
cette idée ne se dérangea pas. Je contemplai longtemps
ce fier et noble fleuve, violent, mais sans fureur, sauvage,
mais majestueux. Il était enflé et magnifique au moment
où je le traversais. Il essuyait aux bateaux du pont sa cri-
nière fauve, sa *barbe limoneuse*, comme dit Boileau. Ses
deux rives se perdaient dans le crépuscule. Son bruit était
un rugissement puissant et paisible. Je lui trouvais quelque chose de la grande mer.

Oui, mon ami, c'est un noble fleuve, féodal, républi-
cain, impérial, digne d'être à la fois français et allemand.
Il y a toute l'histoire de l'Europe, considérée sous ses
deux grands aspects, dans ce fleuve des guerriers et des
penseurs, dans cette vague superbe qui fait bondir la
France, dans ce murmure profond qui fait rêver l'Allemagne.

Le Rhin réunit tout. Le Rhin est rapide comme le
Rhône, large comme la Loire, encaissé comme la Meuse,
tortueux comme la Seine, limpide et vert comme la
Somme, historique comme le Tibre, royal comme le Danube, mystérieux comme le Nil, pailleté d'or comme un
fleuve d'Amérique, couvert de fables et de fantômes
comme un fleuve d'Asie.

Avant que l'histoire écrivît, avant que l'homme existât
peut-être, où est le Rhin aujourd'hui fumait et flamboyait
une double chaîne de volcans qui se sont éteints en laissant sur le sol deux tas de laves et de basaltes disposés
parallèlement comme deux longues murailles. A la même
époque, les cristallisations gigantesques qui sont les montagnes primitives s'achevaient, les alluvions énormes qui
sont les montagnes secondaires se desséchaient, l'effrayant
monceau que nous appelons aujourd'hui les Alpes se re-
froidissait lentement, les neiges s'y accumulaient; deux
grands écoulements de ces neiges se répandirent sur la
terre : l'un, l'écoulement du versant septentrional, tra

versa les plaines, rencontra la double tranchée des volcans
éteints et s'en alla par là à l'Océan ; l'autre, l'écoulement
du versant occidental, tomba de montagne en montagne,
côtoya cet autre bloc de volcans expirés que nous nommons l'Ardéche, et se perdit dans la Méditerranée. Le premier de ces écoulements, c'est le Rhin ; le second, c'est le
Rhône.

Les premiers hommes que l'histoire voit poinare sur les
bords du Rhin, c'est cette grande famille de peuples à
demi sauvages qui s'appelaient *Celtes*, et que Rome appela
Gaulois; qui ipsorum lingua CELTÆ, *nostra vero* GALLI *vo-
cantur*, dit César. Les Rauraques s'établirent plus près de
la source, les Argentoraques et les Moguntiens plus près
de l'embouchure. Puis, quand l'heure fut venue, Rome
apparut : César passa le Rhin ; Drusus édifia ses cinquante
citadelles ; le consul Munatius Plancus commença une
ville sur la croupe septentrionale du Jura ; Martius-Vipsa-
nius Agrippa bâtit un fort devant le dégorgement du
Mein, puis il établit une colonie vis-à-vis de Tuitium : le
sénateur Antoine fonda sous Néron un municipe près de
la mer batave ; et tout le Rhin fut sous la main de Rome.
Quand la vingt-deuxième légion, qui avait campé sous
les oliviers mêmes où agonisa Jésus-Christ, revint du siége
de Jérusalem, Titus l'envoya sur le Rhin. La légion romaine continua l'œuvre de Martius Agrippa ; une ville
semblait nécessaire aux conquérants pour lier le Mélibocus
au Taunus ; et Moguntiacum, ébauchée par Martius, fut
construite par la légion, puis agrandie ensuite par Trajan
et embellie par Adrien. — Chose frappante et qu'il faut
noter en passant ! — Cette vingt-deuxième légion avait
amené avec elle Crescentius, qui le premier porta la parole du Christ dans le Rhingau et y fonda la religion nouvelle. Dieu voulait que ces mêmes hommes aveugles qui
avaient renversé la dernière pierre du temple sur le Jour-

dain, en reposassent la première pierre sur le Rhin. —
Après Trajan et Adrien, vint Julien, qui dressa une forteresse sur le confluent du Rhin et de la Moselle; après
Julien, Valentinien, qui érigea des châteaux sur les deux
volcans éteints que nous nommons le Lowemberg et le
Stromberg; et ainsi se trouva nouée et consolidée en peu
de siècles, comme une chaîne rivée sur le fleuve, cette
longue et robuste ligne de colonies romaines, Vinicella,
Altavilla, Lorca, Trajani castrum, Versalia, Mola Romanorum, Turris Alba, Victoria, Rodobriga, Antoniacum. Sen-
tiacum, Rigodulum, Rigomagum, Tulpetum, Broïlum,
qui part de la Cornu Romanorum au lac de Constance,
descend le Rhin en s'appuyant sur Augusta, qui est Bâle;
sur Argentina, qui est Strasbourg; sur Moguntiacum, qui
est Mayence; sur Confluentia, qui est Coblenz; sur Colonia Agrippina, qui est Cologne; et va se rattacher, près de
l'Océan, à Trajectum-ad-Mosam, qui est Maëstricht, et à
Trajectum-ad-Rhenum, qui est Utrecht.

Dès lors le Rhin fut romain. Il ne fut plus que le fleuve
arrosant la province helvétique ultérieure, la première et
la seconde Germanie, la première Belgique et la province
batave. Le Gaulois chevelu du Nord, que venait voir par
curiosité au troisième siècle le Gaulois à toge de Milan et
le Gaulois à braies de Lyon, le Gaulois chevelu fut dompté.
Les châteaux romains de la rive gauche tinrent en respect la rive droite, et le légionnaire vêtu de drap de Trèves, armé d'une pertuisane de Tongres, n'eut plus qu'à
surveiller du haut des rochers le vieux chariot de guerre
des Germains, massive tour roulante, aux roues armées
de faux, au timon hérissé de piques, traînée par des
bœufs, crénelée pour dix archers, qui se hasardait quelquefois de l'autre côté du Rhin jusque sous la baliste des
forteresses de Drusus.

Cet effrayant passage des hommes du nord aux régions

du midi qui se renouvelle fatalement à de certaines époques climatériques de la vie des nations et qu'on appelle
l'Invasion des Barbares, vint submerger Rome quand fut
arrivé l'instant où Rome devait se transformer. La barrière granitique et militaire des citadelles du Rhin fut
écrasée par ce débordement, et il y eut un moment vers
le sixième siècle où les crêtes du Rhin furent couronnées
de ruines romaines comme elles le sont aujourd'hui de
ruines féodales.

Charlemagne restaura ces décombres, refit ces forteresses, les opposa aux vieilles hordes germaines renaissantes
sous d'autres noms, aux Boëmans, aux Abodrites, aux
Welebates, aux Sarabes; bâtit à Mayence, où fut enterrée
sa femme Fastrada, un pont à piles de pierre dont on voit
encore, dit-on, les ruines sous l'eau; releva l'aqueduc de
Bonn; répara les voies romaines de Victoria, aujourd'hui
Neuwied; de Bacchiara, aujourd'hui Bacharach; de Vinicella, aujourd'hui Winkel; et de Thronus-Bacchi, aujour-
d'hui Trarbach; et se construisit à lui-même, des débris
d'un bain de Julien, un palais, le Saal, à Nieder-Ingel-
heim. Mais, malgré tout son génie et toute sa volonté,
Charlemagne ne fit que galvaniser des ossements. La vieille
Rome était morte. La physionomie du Rhin était changée.

Déjà, comme je l'ai indiqué plus haut, sous la domina-
tion romaine, un germe inaperçu avait été déposé dans le
Rhingau. Le christianisme, cet aigle divin qui commençait à déployer ses ailes, avait pondu dans ces rochers son
œuf qui contenait un monde. A l'exemple de Crescentius,
qui, dès l'an 70, évangélisait le Taunus, saint Apollinaire
avait visité Rigomagum; saint Goar avait prêché à Bacchiara; saint Martin, évêque de Tours, avait catéchisé
Confluentia; saint Materne, avant d'aller à Tongres, avait
habité Cologne; saint Eucharius s'était bâti un ermitage
dans les bois près de Trèves, et, dans les mêmes forêts,

saint Gézélin, debout pendant trois ans sur une colonne, avait lutté corps à corps avec une statue de Diane qu'il avait fini par faire crouler, pour ainsi dire, en la regardant. A Trèves même beaucoup de chrétiens obscurs étaient morts de la mort des martyrs dans la cour du palais des préfets de la Gaule, et l'on avait jeté leur cendre au vent; mais cette cendre était une semence.

La graine était dans le sillon; mais, tant que dura le passage des Barbares, rien ne leva.

Bien au contraire, il se fit un écroulement profond ou la civilisation sembla tomber; la chaîne des traditions certaines se rompit; l'histoire parut s'effacer; les hommes et les événements de cette sombre époque traversèrent le Rhin comme des ombres, jetant à peine au fleuve un reflet fantastique, évanoui aussitôt qu'aperçu.

De là, pour le Rhin, après une période historique, une période merveilleuse.

L'imagination de l'homme, pas plus que la nature, n'accepte le vide. Où se tait le bruit humain la nature fait jaser les nids d'oiseaux, chuchoter les feuilles d'arbres et murmurer les mille voix de la solitude. Où cesse la certitude historique l'imagination fait vivre l'ombre, le rêve et l'apparence. Les fables végètent, croissent, s'entremêlent et fleurissent dans les lacunes de l'histoire écroulée, comme les aubépines et les gentianes dans les crevasses d'un palais en ruine.

La civilisation est comme le soleil, elle a ses nuits et ses jours, ses plénitudes et ses éclipses; elle disparaît et reparaît.

Dès qu'une aube de civilisation renaissante commença à poindre sur le Taunus, il y eut sur les bords du Rhin un adorable gazouillement de légendes et de fabliaux; dans toutes les parties éclairées par ce rayon lointain, mille figures surnaturelles et charmantes resplendirent tout à

coup, tandis que dans les parties sombres les formes hi-
deuses et d'effrayants fantômes s'agitaient. Alors, pendant
que se bâtissaient, avec de belles basaltes neuves, à côté
des décombres romains, aujourd'hui effacés, les châteaux
saxons et gothiques, aujourd'hui démantelés, toute une
population d'êtres imaginaires, en communication directe
avec les belles filles et les beaux chevaliers, se répandit
dans le Rhingau : les oréades, qui prirent les bois; les
ondins, qui prirent les eaux; les gnomes, qui prirent le
dedans de la terre; l'esprit des rochers; le frappeur; le
chasseur noir, traversant les halliers monté sur un grand
cerf à seize andouillers; la pucelle du marais noir; les six
pucelles du marais rouge; Wodan, le dieu à dix mains;
les douze hommes noirs; l'étourneau qui proposait des
énigmes; le corbeau qui croassait sa chanson; la pie qui
racontait l'histoire de sa grand'mère; les marmousets du
Zeitelmoos; Everard le Barbu, qui conseillait les princes
égarés à la chasse; Sigefroi le Cornu, qui assommait les
dragons dans les antres. Le diable posa sa pierre à Teu-
felstein et son échelle à Teufelsleiter; il osa même aller
prêcher publiquement à Gernsbach près de la forêt Noire;
mais heureusement Dieu dressa de l'autre côté du fleuve,
en face de la Chaire-du-Diable, la Chaire-de-l'Ange. Pendant que les Sept-Montagnes, ce vaste cratère éteint, se
remplissaient de monstres, d'hydres et de spectres gigantesques, à l'autre extrémité de la chaîne, à l'entrée du
Rhingau, l'âpre vent de la Wisper apportait jusqu'à Bingen des nuées de vieilles fées petites comme des sauterelles. La mythologie se greffa dans ces vallées sur la légende des saints et y produisit des résultats étranges,
bizarres fleurs de l'imagination humaine. Le Drachenfels
eut, sous d'autres noms, sa Tarasque et sa Sainte-Marthe;
la double fable d'Echo et d'Hylas s'installa dans le redoutable Rocher de Lurley; la pucelle-serpent rampa dans les

souterrains d'Augst; Hatto, le mauvais évêque, fut mangé
dans sa tour par ses sujets changés en rats; les sept
sœurs moqueuses de Schœnberg furent métamorphosées en
rochers, et le Rhin eut ses *demoiselles* comme la Meuse
avait ses *dames*. Le démon Urian passa le Rhin à Dusseldorf, ayant sur son dos, ployée en deux comme un sac de
meunier, la grosse dune qu'il avait prise au bord de la
mer, à Leyde, pour engloutir Aix-la-Chapelle, et que,
épuisé de fatigue et trompé par une vieille femme, il laissa
tomber stupidement aux portes de la ville impériale où
cette dune est aujourd'hui le Loosberg. A cette époque,
plongée pour nous dans une pénombre où des lueurs magiques étincellent çà et là, ce ne sont dans ces bois, dans
ces rochers, dans ces vallons, qu'apparitions, visions,
prodigieuses rencontres, chasses diaboliques, châteaux infernaux, bruits de harpes dans les taillis, chansons mélo-
dieuses chantées par des chanteuses invisibles, affreux
éclats de rire poussés par des passants mystérieux. Des
héros humains, presque aussi fantastiques que les personnages surnaturels, Cunon de Sayn, Sibo de Lorch, la
forte épée, Griso le païen, Attich, duc d'Alsace, Thassilo,
duc de Bavière, Anthyse, duc des Francs, Samo, roi des
Vendes, errent effarés dans ces futaies vertigineuses,
cherchant et pleurant leurs belles, longues et sveltes prin-
cesses blanches couronnées de noms charmants, Gela,
Garlinde, Liba, Williswinde, Schonetta. Tous ces aventu-
riers, à demi enfoncés dans l'impossible et tenant à peine
par le talon à la vie réelle, vont et viennent dans les légendes, perdus vers le soir dans les forêts inextricables,
cassant les ronces et les épines, comme le *Chevalier de la
mort* d'Albert Durer, sous le pas de leur lourd cheval,
suivis de leur lévrier efflanqué, regardés entre deux branches par des larves, et accostant dans l'ombre tantôt quelque noir charbonnier assis près d'un feu, qui est Satan

entassant dans un chaudron les âmes des trépassés; tantôt des nymphes toutes nues qui leur offrent des cassettes
pleines de pierreries; tantôt de petits hommes vieux, lesquels leur rendent leur sœur, leur fille ou leur fiancée,
qu'ils ont retrouvée sur une montagne endormie dans un
lit de mousse, au fond d'un beau pavillon tapissé de co-
raux, de coquilles et de cristaux; tantôt quelque puissant
nain *qui*, disent les vieux poëmes, *tient parole de géant.*

Parmi ces héros chimériques surgissent de temps en
temps des figures de chair et d'os : d'abord et surtout
Charlemagne et Roland; Charlemagne à tous les âges, enfant, jeune homme, vieillard; Charlemagne que la légende
fait naître chez un meunier dans la forêt Noire; Roland,
qu'elle fait mourir, non à Roncevaux des coups de toute
une armée, mais d'amour sur le Rhin, devant le couvent
de Nonnenswerth; plus tard, l'empereur Othon, Frédéric
Barberousse et Adolphe de Nassau. Ces hommes historiques mêlés dans les contes aux personnages merveilleux;
c'est la tradition des faits réels qui persiste sous l'encom-
brement des rêveries et des imaginations, c'est l'histoire
qui se fait vaguement jour à travers les fables, c'est la
ruine qui reparait çà et là sous les fleurs.

Cependant les ombres se dissipent, les contes s'effacent,
le jour se fait, la civilisation se reforme et l'histoire reprend figure avec elle.

Voici que quatre hommes venus de quatre côtés différents se réunissent de temps en temps près d'une pierre
qui est au bord du Rhin, sur la rive gauche, à quelques
pas d'une allée d'arbres, entre Rhens et Kapellen. Ces
quatre hommes s'asseyent sur cette pierre, et là ils font
et défont les empereurs d'Allemagne. Ces hommes sont les
quatre électeurs du Rhin; cette pierre, c'est le siége royal,
Kœnigsthül.

Le lieu qu'ils ont choisi, à peu près au milieu de la

vallée du Rhens, qui est à l'électeur de Cologne, regarde à
la fois, à l'ouest, sur la rive gauche, Kapellen, qui est à
l'électeur de Trèves; et au nord, sur la rive droite, d'un
côté Oberlahnstein, qui est à l'électeur de Mayence, et de
l'autre Braubach, qui est à l'électeur palatin. En une
heure chaque électeur peut se rendre à Rhens de chez lui.

De leur côté, tous les ans, le second jour de la Pente-
côte, les notables de Coblentz et de Rhens se réunissent au
même lieu sous prétexte de fête, et confèrent entre eux de
certaines choses obscures; commencement de commune et
de bourgeoisie faisant sourdement son trou dans les fondations du formidable édifice germanique déjà tout construit; vivace et éternelle conspiration des petits contre
les grands germant audacieusement près du Kœnigsthül,
à l'ombre même de ce trône de pierre de la féodalité.

Presque au même endroit, dans le château électoral de
Stolzenfels, qui domine la petite ville de Kapellen, aujourd'hui ruine magnifique, Werner, archevêque de Cologne, loge et entretient de 1380 à 1418 des alchimistes
qui ne font pas d'or, mais qui trouvent en cheminant
vers la pierre philosophale plusieurs des grandes lois de
la chimie. Ainsi, dans un espace de temps assez court, le
même point du Rhin, le lieu à peine remarqué aujour-
d'hui qui fait face à l'embouchure de la Lahn, voit naître
pour l'Allemagne l'empire, la démocratie et la science.

Désormais le Rhin a pris un aspect tout ensemble militaire et religieux. Les abbayes et les couvents se multiplient; les églises à mi-côte rattachent aux donjons de la
montagne les villages du bord du fleuve, image frappante
et renouvelée à chaque tournant du Rhin, de la façon
dont le prêtre doit être situé dans la société humaine. Les
princes ecclésiastiques multiplient les édifices dans le
Rhingau, comme avaient fait mille ans auparavant les préfets de Rome. L'archevêque Baudouin de Trèves bâtit l'é-

glise d'Oberwesel; l'archevêque Henri de Wittingen construit le pont de Coblentz sur la Moselle; l'archevêque
Walram de Juliers sanctifie par une croix de pierre magnifiquement sculptée les ruines romaines et le piton volcanique de Godersberg, ruines et colline quelque peu sus-
pectes de magie. Le pouvoir spirituel et le pouvoir tempo-
rel se mêlent dans ces princes comme dans le pape. De
là une juridiction double qui prend l'âme et le corps et ne
s'arrête pas, comme dans les états purement séculiers,
devant le bénéfice de clergie. Jean de Barnich, chapelain
de Saint-Goar, empoisonne avec le vin de la communion sa
dame, la comtesse de Katzenellenbogen; l'électeur de Cologne, comme son évêque, l'excommunie, et, comme son
prince, le fait brûler vif.

De son côté, l'électeur palatin sent le besoin de protes-
ter perpétuellement contre les empiétements possibles des
trois archevêques de Cologne, de Trèves et de Mayence; et
les comtesses palatines vont faire leurs couches, en signe
de souveraineté, dans la Pfalz, tour bâtie devant Caub, au
milieu même du Rhin.

En même temps, au milieu de ces développements si-
multanés ou successifs des princes-électeurs, les ordres
de chevalerie prennent position sur le Rhin. L'ordre teutonique s'installe à Mayence, en vue du Taunus, tandis
que, près de Trèves, en vue des Sept-Montagnes, les chevaliers de Rhodes s'établissent à Martinshof. De Mayence
l'ordre teutonique se ramifie jusqu'à Coblentz, où une de
ses commanderies prend pied. Les Templiers, déjà maîtres
de Courgenay et de Porentruy dans l'évêché de Bâle,
avaient Boppart et Saint-Goar au bord du Rhin, et Trarbach entre le Rhin et la Moselle. C'est ce même Trarbach,
le pays des vins exquis, le *Thronus-Bacchi* des Romains,
qui appartint plus tard à ce Pierre Flotte, que le pape
Boniface appelait *borgne de corps* et *aveugle d'esprit*.

Tandis que les princes, les évêques et les chevaliers faisaient leurs fondations, le commerce faisait ses colonies.
Une foule de petites villes marchandes germèrent, à l'imi-
tation de Coblentz sur la Moselle et de Mayence devant le
Mein, au confluent de toutes les rivières et de tous les
torrents que versent dans le Rhin les innombrables vallées
du Hündsruck, du Hohenruck, des crêtes de Hammer-
stein et des Sept-Montagnes. Bingen se posa sur la Nahe;
Niederlahnstein sur la Lahn; Engers, vis-à-vis la Sayn;
Irrlich, sur la Wied; Linz, en face de l'Aar; Rheindorf,
sur les Mahrbachs; et Berghein, sur la Sieg.

Cependant, dans tous les intervalles qui séparaient les
princes ecclésiastiques et les princes féodaux, les commanderies des chevaliers-moines et les bailliages des communes, l'esprit des temps et la nature des lieux avaient
fait croître une singulière race de seigneurs. Du lac de
Constance aux Sept-Montagnes, chaque crête du Rhin
avait son burg et son burgrave. Ces formidables barons du
Rhin, produits robustes d'une nature âpre et farouche,
nichés dans les basaltes et les bruyères, crénelés dans leur
trou et servis à genoux par leurs officiers comme l'empereur, hommes de proie tenant tout ensemble de l'aigle et
du hibou, puissants seulement autour d'eux, mais tout-
puissants autour d'eux, maîtrisaient le ravin et la vallée,
levaient des soldats, battaient les routes, imposaient des
péages, rançonnaient les marchands, qu'ils vinssent de
Saint-Gall ou de Dusseldorf, barraient le Rhin avec leur
chaine, et envoyaient fièrement des cartels aux villes voisines quand elles se hasardaient à leur faire affront. C'est
ainsi que le burgrave d'Ockenfels provoqua la grosse commune de Linz, et le chevalier Hausner du Hegau, la ville
impériale de Kaufbeuern. Quelquefois, dans ces étranges
duels, les villes, ne se sentant pas assez fortes, avaient
peur et demandaient secours à l'empereur; alors le bur-

grave éclatait de rire, et, à la prochaine fête patronale, il
allait insolemment au tournoi de la ville monté sur l'âne
de son meunier. Pendant les effroyables guerres d'Adolphe de Nassau et de Didier d'Isembourg, plusieurs de ces
chevaliers qui avaient leurs forteresses dans le Taunus,
poussèrent l'audace jusqu'à aller piller un des faubourgs
de Mayence sous les yeux mêmes des deux prétendants
qui se disputaient la ville. C'était leur façon d'être neu-
tres. Le burgrave n'était ni pour Isembourg ni pour Nassau; il était pour le burgrave. Ce n'est que sous Maximilien, quand le grand capitaine du Saint-Empire, George
de Frundsberg, eut détruit le dernier des burgs, Hohen-
kraehen, qu'expira cette redoutable espèce de gentilshommes sauvages qui commence au dixième siècle par les bur-
graves-héros et qui finit au seizième par les burgraves-
brigands.

Mais les choses invisibles dont les résultats ne prennent
corps qu'après beaucoup d'années s'accomplissaient aussi
sur le Rhin. En même temps que le commerce, et sur les
mêmes bateaux, pour ainsi dire, l'esprit d'hérésie, d'examen et de liberté montait et descendait ce grand fleuve
sur lequel il semble que toute la pensée de l'humanité dût
passer. On pourrait dire que l'âme de Tanquelin, qui au
douzième siècle prêchait contre le pape devant la cathédrale d'Anvers, escorté de trois mille sectaires armés,
avec la pompe et l'équipage d'un roi, remonta le Rhin
après sa mort et alla inspirer Jean Huss dans sa maison
de Constance, puis des Alpes redescendit le Rhône et fit
surgir Doucet dans le comtat d'Avignon. Jean Huss fut
brûlé, Doucet fut écartelé. L'heure de Luther n'avait pas
encore sonné. Dans les voies de la Providence, il y a des
hommes pour les fruits verts et d'autres hommes pour les
fruits mûrs.

Cependant le seizième siècle approchait. Le Rhin avait

vu naître au quatorziéme siécle, non loin de lui, à Nuremberg, l'artillerie; et au quinziéme, sur sa rive même, à Strasbourg, l'imprimerie. En 1400, Cologne avait fondu la fameuse couleuvrine de quatorze pieds de long. En 1472, Vindelin de Spire avait imprimé sa Bible. Un nouveau monde allait surgir, et, chose remarquable et digne qu'on y insiste, c'est sur les bords du Rhin que venaient de trouver et de prendre une nouvelle forme ces deux mystérieux outils avec lesquels Dieu travaille sans cesse à la civilisation de l'homme, la catapulte et le livre, la guerre et la pensée.

Le Rhin, dans les destinées de l'Europe, a une sorte de signification providentielle. C'est le grand fossé transversal qui sépare le Sud du Nord. La Providence en a fait le fleuve-frontière; les forteresses en ont fait le fleuve-muraille. Le Rhin a vu la figure et a reflété l'ombre de presque tous les grands hommes de guerre qui, depuis trente siécles, ont labouré le vieux continent avec ce soc qu'on appelle l'épée. César a traversé le Rhin en montant du midi; Attila a traversé le Rhin en descendant du septentrion. Clovis y a gagné la bataille de Tolbiac. Charlemagne et Bonaparte y ont régné. L'empereur Frédéric-Barberousse, l'empereur Rodolphe de Hapsbourg et le palatin Frédéric Ier y ont été grands, victorieux et formidables. Gustave-Adolphe y a commandé ses armées du haut de la guérite de Caub. Louis XIV a vu le Rhin. *Enghien et Condé l'ont passé.* Hélas! Turenne aussi. Drusus y a sa pierre à Mayence comme Marceau à Coblentz et Hoche à Andernach. Pour l'œil du penseur qui voit vivre l'histoire, deux grands aigles planent perpétuellement sur le Rhin, l'aigle des légions romaines et l'aigle des régiments français.

Ce noble Rhin, que les Romains nommaient *Rhenus superbus*, tantôt porte les ponts de bateaux hérissés de lances, de pertuisanes ou de baïonnettes qui versent sur l'Allemagne les armées d'Italie, d'Espagne et de France, ou reversent sur l'ancien monde romain, toujours géographiquement adhérent, les anciennes hordes barbares, toujours les mêmes aussi; tantôt charrie pacifiquement les sapins de la Murg et de Saint-Gall, les porphyres et les serpentines de Bâle, la potasse de Bingen, le sel de Karlshall, les cuirs de Stromberg, le vif-argent de Lansberg, les vins de Johannisberg et de Bacharach, les ardoises de Caub, les saumons d'Oberwe el, les cerises de Salzig, le charbon de bois de Boppart, la vaisselle de fer-blanc de Coblentz, la verrerie de la Moselle, les fers forgés de Bendorf, les tufs et les meules d'Andernach, les tôles de Neuwied, les eaux minérales d'Antoniustein, les draps et les poteries de Wallendar, les vins rouges de l'Aar, le cuivre et le plomb de Linz, la pierre de taille de Kœnigswinter, les laines et les soieries de Cologne; et il accomplit majestueusement à travers l'Europe, selon la volonté de Dieu, sa double fonction de fleuve de la guerre et de fleuve de la paix, ayant sans interruption sur la double rangée de collines qui encaisse la plus notable partie de son cours, d'un côté des chênes, de l'autre des vignes, c'est-à-dire d'un côté le nord, de l'autre le midi; d'un côté la force, de l'autre la joie.

Pour Homère, le Rhin n'existait pas. C'était un des fleuves probables, mais inconnus, de ce sombre pays des Cimmériens, sur lesquels il pleut sans cesse et qui ne voient jamais le soleil. Pour Virgile, ce n'était pas le fleuve inconnu, mais le fleuve glacé. *Frigora Rheni.* Pour Shakspeare, c'est le *beau Rhin : « Beautiful Rhine. »* Pour nous, jusqu'au jour où le Rhin sera la question de l'Europe, c'est l'excursion pittoresque à la mode, la promenade des désœuvrés d'Ems, de Bade et de Spa.

Pétrarque est venu à Aix-la-Chapelle, mais je ne crois pas qu'il ait parlé du Rhin.

La géographie donne, avec cette volonté inflexible des

pentes, des bassins et des versants que tous les congrès du
monde ne peuvent contrarier longtemps, la géographie
donne la rive gauche du Rhin à la France. La divine Providence lui a donné trois fois les deux rives. Sous Pépin
le Bref, sous Charlemagne et sous Napoléon.

L'empire de Pépin le Bref était à cheval sur le Rhin. Il
comprenait la France proprement dite, moins l'Aquitaine
et la Gascogne, et l'Allemagne proprement dite, jusqu'au
pays des Bavarois exclusivement.

L'empire de Charlemagne était deux fois plus grand que
ne l'a été l'empire de Napoléon.

Il est vrai, et ceci est considérable, que Napoléon avait
trois empires, ou, pour mieux dire, était empereur de trois
façons : immédiatement et directement, de l'empire français; médiatement et par ses frères, de l'Espagne, de l'Italie, de la Westphalie et de la Hollande, royaumes dont il
avait fait les contre-forts de l'empire central ; moralement
et par droit de suprématie, de l'Europe, qui n'était plus
que la base, de jour en jour plus envahie, de son prodigieux édifice.

Compris de cette manière, l'empire de Napoléon égalait
au moins celui de Charlemagne.

Charlemagne, dont l'empire avait le même centre et le
même mode de génération que l'empire de Napoléon, prit
et aggloméra autour de l'héritage de Pépin le Bref la Saxe
jusqu'à l'Elbe, la Germanie jusqu'à la Saal, l'Esclavonie
jusqu'au Danube, la Dalmatie jusqu'aux bouches du Cat-
taro, l'Italie jusqu'à Gaëte, l'Espagne jusqu'à l'Ebre.

Il ne s'arrêta en Italie qu'aux limites des Bénéventins
et des Grecs, et en Espagne qu'aux frontières des Sarrasins.

Quand cette immense formation se décomposa pour la
première fois, en 843, Louis le Débonnaire étant mort et
ayant déjà laissé reprendre aux Sarrasins leur part, c'est-

à-dire toute la tranche de l'Espagne comprise entre l'Ebre et le Llobregat, des trois morceaux en lesquels l'empire se brisa il y eut de quoi faire un empereur, Lothaire, qui eut l'Italie et un grand fragment triangulaire de la Gaule; et deux rois, Louis, qui eut la Germanie, et Charles, qui eut la France. Puis, en 855, quand le premier des trois lambeaux se divisa à son tour, de ces morceaux d'un morceau de l'empire de Charlemagne on put encore faire un empereur, Louis, avec l'Italie; un roi, Charles, avec la Provence et la Bourgogne; et un autre roi, Lothaire, avec l'Austrasie, qui s'appela dès lors Lotharingie, puis Lorraine. Quand vint le moment où le deuxième lot, le royaume de Louis le Germanique, se déchira, le plus gros débris forma l'empire d'Allemagne, et dans les petits fragments s'installa l'innombrable fourmilière des comtés, des duchés, des principautés et des villes libres, protégée par les margraviats, gardiens des frontières. Enfin, quand le troisième morceau, l'Etat de Charles le Chauve, plia et se rompit sous le poids des ans et des princes, cette dernière ruine suffit pour la formation d'un roi, le roi de France; de cinq ducs souverains, les ducs de Bourgogne, de Normandie, de Bretagne, d'Aquitaine et de Gascogne; et de trois comtes-princes, le comte de Champagne, le comte de Toulouse et le comte de Flandre.

Ces empereurs-là sont des Titans. Ils tiennent un moment l'univers dans leurs mains, puis la mort leur écarte les doigts, et tout tombe.

On peut dire que la rive droite du Rhin appartint à Napoléon comme à Charlemagne.

Bonaparte ne rêva pas un duché du Rhin, comme l'avaient fait quelques politiques médiocres dans la longue lutte de la maison de France contre la maison d'Autriche. Il savait qu'un royaume longitudinal qui n'est pas insulaire est impossible; il plie et se coupe en deux au pre-

mier choc violent. Il ne faut pas qu'une principauté affecte
l'ordre simple; l'ordre profond est nécessaire aux Etats
pour se maintenir et résister. A quelques mutilations et à
quelques agglomérations près, l'empereur prit la confédération du Rhin telle que la géographie et l'histoire l'a-
vaient faite, et se contenta de la systématiser. Il faut que
la confédération du Rhin fasse front et obstacle au Nord
ou au Midi. Elle était posée contre la France, l'empereur
la retourna. Sa politique était une main qui plaçait et dé-
plaçait les empires avec la force d'un géant et la sagacité
d'un joueur d'échecs. En grandissant les princes du Rhin,
l'empereur comprit qu'il accroissait la couronne de France
et qu'il diminuait la couronne d'Allemagne. En effet, ces
électeurs devenus rois, ces margraves et ces landgraves devenus grands-ducs, gagnaient en escarpements du côté de
l'Autriche et de la Russie ce qu'ils perdaient du côté de la
France, grands par devant, petits par derrière, rois pour
les empereurs du Nord, préfets pour Napoléon.

Ainsi, pour le Rhin, quatre phases bien distinctes, quatre physionomies bien tranchées. Première phase : l'époque antédiluvienne et peut-être préadamite, les volcans;
deuxième phase : l'époque historique ancienne, luttes de la
Germanie et de Rome, où rayonne César; troisième phase :
l'époque merveilleuse où surgit Charlemagne; quatrième
phase : l'époque historique moderne, luttes de l'Allemagne et de la France, que domine Napoléon. Car, quoi que
fasse l'écrivain pour éviter la monotonie de ces grandes
gloires, quand on traverse l'histoire européenne d'un bout
à l'autre, César, Charlemagne et Napoléon sont les trois
énormes bornes militaires, ou plutôt millenaires, qu'on
retrouve toujours sur son chemin.

Et maintenant, pour terminer par une dernière observation, le Rhin, fleuve providentiel, semble être aussi un
fleuve symbolique. Dans sa pente, dans son cours, dans

les milieux qu'il traverse, il est, pour ainsi dire, l'image de la civilisation, qu'il a déjà tant servie et qu'il servira tant encore. Il descend de Constance à Rotterdam, du pays des aigles à la ville des harengs, de la cité des papes, des conciles et des empereurs au comptoir des marchands et des bourgeois, des Alpes à l'Océan, comme l'humanité elle-même est descendue des idées hautes, immuables, inaccessibles, sereines, resplendissantes, aux idées larges, mobiles, orageuses, sombres, utiles, navigables, dangereuses, insondables, qui se chargent de tout, qui portent tout, qui fécondent tout, qui engloutissent tout; de la théocratie à la démocratie, d'une grande chose à une autre grande chose.

LETTRE XV

LA SOURIS.

D'où viennent les nuées du ciel et les sourires des femmes. — Un tableau. — Velmich. — L'auteur recueille une foule de mauvais propos touchant une ruine qui fait beaucoup jaser sur son compte. — Une sombre aventure. — Maxime générale : ne redemandez pas une chose, quand elle est d'argent, à celui qui l'a volée, quand il est prince. — Ce que c'est que la montagne voisine. — A quoi songeait le congrès, en 1815, de donner aux Borusses le pays des Ubiens? — Le voyageur monte l'escalier qu'on ne monte plus. — Un paysage du Rhin à vol d'oiseau. — Le voyageur réclame et demande quelques spectres de bonne volonté. — Il ne réussit qu'à se faire siffler. — Intérieur de la ruine mal famée. — Description minutieuse. — Quatre pages d'un portefeuille. — *Phædovius* et *Kutorga*. — *Die Maüse.* — Que tous les chats ne mangent pas toutes les souris. — Le voyageur marche sur l'herbe épaisse, ce qui lui rappelle des choses passées. — Il rencontre le génie familier du lieu, lequel ne lui montre aucune méchante humeur.

Saint-Goar, août.

Samedi passé il avait plu toute la matinée. J'avais pris passage à Andernach sur le dampfschiff le *Stadt Manheim*. Nous remontions le Rhin depuis quelques heures lorsque tout à coup, par je ne sais quel caprice, car d'ordinaire c'est de là que viennent les nuées, le vent du sud-ouest, le Favonius de Virgile et d'Horace, le même qui, sous le nom de Fohn, fait de si terribles orages sur le lac de Constance, troua d'un coup d'aile la grosse voûte de nuages que nous avions sur nos têtes et se mit à en disperser les débris dans tous les coins du ciel avec une joie d'enfant. En quelques minutes la vraie et éternelle coupole bleue reparut appuyée sur les quatre coins de l'horizon, et un chaud rayon de midi fit remonter tous les voyageurs sur le pont.

En ce moment-là nous passions, toujours *entre les vignes et les chênes*, devant un pittoresque et vieux village de la rive droite, Velmich, dont le clocher roman, aujourd'hui stupidement châtré et restauré, était flanqué il y a peu d'années encore de quatre tourelles-vedettes comme la tour militaire d'un burgrave. Au-dessus de Velmich s'élevait presque verticalement un de ces énormes bancs de laves dont la coupe sur le Rhin ressemble, dans des proportions démesurées, à la cassure d'un tronc d'arbre à demi entaillé par la hache du bûcheron. Sur cette croupe volcanique, une superbe forteresse féodale ruinée, de la même pierre et de la même couleur, se dressait comme une excroissance naturelle de la montagne. Tout au bord du Rhin babillait un groupe de jeunes laveuses, battant gaiement leur linge au soleil.

Cette rive m'a tenté; je m'y suis fait descendre. Je connaissais la ruine de Velmich comme une des plus mal famées et des moins visitées qu'il y eût sur le Rhin. Pour les voyageurs, elle est d'un abord difficile et, dit-on, même dangereux. Pour les paysans, elle est pleine de spectres et d'histoires effrayantes. Elle est habitée par des flammes vivantes qui le jour se cachent dans des souterrains inaccessibles et ne deviennent visibles que la nuit au haut de la grande tour ronde. Cette grande tour n'est elle-même que le prolongement hors de terre d'un immense puits comblé aujourd'hui, qui trouait jadis tout le mont et descendait plus bas que le niveau du Rhin. Dans ce puits, un seigneur de Velmich, un Falkenstein, nom fatal dans les légendes, lequel vivait au quatorzième siècle, faisait jeter sans confession qui bon lui semblait parmi les passants ou parmi ses vassaux. Ce sont toutes ces âmes en peine qui habitent maintenant le château. Il y avait à cette époque dans le clocher de Velmich une cloche d'argent donnée et bénite par Winfried, évêque de Mayence, en l'année 740, temps mémorable où Constantin VI était empereur de Rome à Constantinople, où le roi païen Massilies avait quatre royaumes en Espagne et où régnait en France le roi Clotaire, plus tard excommunié de triple excommunication par saint Zacharie, quatre-vingt-quatorzième pape. On ne sonnait jamais cette cloche que pour les prières de quarante heures quand un seigneur de Velmich était gravement malade et en danger de mort. Or, Falkenstein, qui ne croyait pas à Dieu, qui ne croyait pas même au diable, et qui avait besoin d'argent, eut envie de cette belle cloche. Il la fit arracher du clocher et apporter dans son donjon. Le prieur de Velmich s'émut et monta chez le seigneur, en chasuble et en étole, précédé de deux enfants de chœur portant la croix, pour redemander sa cloche. Falkenstein se prit à rire et lui cria : *Tu veux ta cloche? eh bien, tu l'auras, et elle ne te quittera plus.* Cela dit, il fit jeter le prêtre dans le puits de la tour avec la cloche d'argent liée au cou. Puis, sur l'ordre du burgrave, on combla avec de grosses pierres, par-dessus le prêtre et la cloche, soixante aunes du puits. Quelques jours après, Falkenstein tomba subitement malade. Alors, quand la nuit fut venue, l'astrologue et le médecin qui veillaient près du burgrave entendirent avec terreur le glas de la cloche d'argent sortir des profondeurs de la terre. Le lendemain

Falkenstein était mort. Depuis ce temps-là, tous les ans, quand revient l'époque de la mort du burgrave, dans la nuit du 18 janvier, fête de la Chaire de saint Pierre à Rome, on entend distinctement la cloche d'argent tinter sous la montagne. — Voilà une des histoires. — Ajoutez à cela que le mont voisin, qui encaisse de l'autre côté le torrent de Velmich, est lui-même tout entier la tombe d'un ancien géant; car l'imagination des hommes, qui a vu avec raison dans les volcans les grandes forges de la nature, a mis des cyclopes partout où elle a vu fumer des montagnes, et tous les Etnas ont leur Polyphème.

J'ai donc commencé à gravir vers la ruine entre le souvenir de Falkenstein et le souvenir du géant. Il faut vous dire que je m'étais d'abord fait indiquer le meilleur sentier par des enfants du village, service pour lequel je leur ai laissé prendre dans ma bourse tout ce qu'ils ont voulu; car les pièces d'argent et de cuivre de ces peuples lointains, thalers, gros, pfennings, sont les choses les plus fantastiques et les plus inintelligibles du monde, et, pour ma part, je ne comprends rien à ces monnaies barbares imposées par les Borusses au pays des Ubiens.

Le sentier est âpre en effet; dangereux, non; si ce n'est pour les personnes sujettes au vertige, ou peut-être après les grosses pluies, quand la terre et la roche sont glissantes. Du reste, cette ruine maudite et redoutée a sur les autres ruines du Rhin l'avantage de n'être pas exploitée. Aucun officieux ne vous suit dans l'ascension, aucun démonstrateur des spectres ne vous demande pour boire, aucune porte verrouillée ou cadenassée ne vous barre le chemin à mi-côte. On grimpe, on escalade le vieil escalier de basalte des burgraves qui reparaît encore par endroits, on s'accroche aux broussailles et aux touffes d'herbe, personne ne vous aide et personne ne vous gêne. Au bout de vingt minutes, j'étais au sommet du mont, au seuil de la ruine.

Là, je me suis retourné et j'ai fait halte un moment avant
d'entrer. Derrière moi, sous une poterne changée en crevasse informe, montait un roide escalier changé en rampe
de gazon. Devant moi se développait un immense paysage
presque géométriquement composé, sans froideur pourtant, de tranches concentriques; à mes pieds, le village
groupé autour de son clocher, autour du village un tournant du Rhin, autour du Rhin un sombre croissant de
montagnes couronnées au loin çà et là de donjons et de
vieux châteaux, autour et au-dessus des montagnes la ron-
deur du ciel bleu.

Après avoir repris haleine, je suis entré sous la poterne, et j'ai commencé à escalader la pente étroite de
gazon. En cet instant-là, la forteresse éventrée m'est ap-
parue avec un aspect si délabré et une figure si formidable
et si sauvage, que j'avoue que je n'aurais pas été surpris
le moins du monde de voir sortir de dessous les rideaux
de lierre quelque forme surnaturelle portant des fleurs
bizarres dans son tablier, Gela, la fiancée de Barberousse,
ou Hildegarde, la femme de Charlemagne, cette douce impératrice qui connaissait les vertus occultes des simples
et des minéraux et qui allait herborisant dans les montagnes. J'ai regardé un moment vers la muraille septentrionale avec je ne sais quel vague désir de voir se dresser
brusquement entre les pierres les lutins *qui sont partout
au nord*, comme disait le gnome à Cunon de Sayn, ou les
trois petites vieilles chantant la sinistre chanson des légendes :

> Sur la tombe du géant
> J'ai cueilli trois brins d'orties;
> En fil les ai converties :
> Prenez, ma sœur, ce présent.

Mais il a fallu me résigner à ne rien voir et à ne rien

entendre que le sifflement ironique d'un merle des rochers
perché je ne sais où.

Maintenant, ami, si vous voulez avoir une idée complète de l'intérieur de cette ruine fameuse et inconnue, je
ne puis mieux faire que de transcrire ici ce que j'écrivais
sur mon livre de notes à chaque pas que j'y faisais. C'est
la chose vue pêle-mêle, minutieusement, mais prise sur
le fait et par conséquent ressemblante.

« Je suis dans la ruine. — La tour ronde, quoique rongée au sommet, est encore d'une élévation prodigieuse.
Aux deux tiers de sa hauteur, entailles verticales d'un
pont-levis dont la baie est murée. — De toutes parts
grands murs à fenêtres déformées dessinant encore des
salles sans portes ni plafonds. — Étages sans escaliers —
escaliers sans chambres. — Sol inégal, montueux, formé
de voûtes effondrées, couvert d'herbes. Fouillis inextricable. — J'ai déjà souvent admiré avec quelle jalousie de
propriétaire avare la solitude garde, enclôt et défend ce
que l'homme lui a une fois abandonné. Elle dispose et
hérisse soigneusement sur le seuil les broussailles les plus
féroces, les plantes les plus méchantes et les mieux armées,
le houx, l'ortie, le chardon, l'aubépine, la lande, c'est-à-
dire plus d'ongles et de griffes qu'il n'y en a dans une
ménagerie de tigres. A travers ces buissons revêches et
hargneux, la ronce, ce serpent de la végétation, s'allonge
et se glisse et vient vous mordre les pieds. Ici, du reste,
comme la nature n'oublie jamais l'ornement, ce fouillis
est charmant. C'est une sorte de gros bouquet sauvage où
abondent des plantes de toute forme et de toute espèce, les
unes avec leurs fleurs, les autres avec leurs fruits, celles-
là avec leur riche feuillage d'automne, mauve, liseron,
clochette, anis, pimprenelle, bouillon-blanc, gentiane
jaune, fraisier, thym, le prunellier tout violet, l'aubépine
qu'en août on devrait appeler rouge épine avec ses baies

écarlates, les longs sarments chargés de mûres de la ronce déjà couleur de sang. — Un sureau. — Deux jolis acacias. — Coin inattendu où quelque paysan voltairien, profitant de la superstition des autres, se cultive pour lui-même un petit carré de betteraves. De quoi faire un morceau de sucre. — A ma gauche la tour sans porte, ni croisée, ni entrée visible. A ma droite, un souterrain défoncé par la voûte. Changé en gouffre. — Bruit superbe du vent, admirable ciel bleu aux crevasses de l'immense masure. — Je vais monter par un escalier d'herbe dans une espèce de salle haute. — J'y suis. — Rien que deux vues magiques sur le Rhin, les collines et les villages. — Je me penche dans le compartiment au fond duquel est le souterrain gouffre. — Au dessus de ma tête deux arrachements de cheminées sculptées en granit bleu, quinzième siècle. Reste de suie et de fumée à l'âtre. — Peintures effacées aux fenêtres. — Là-haut une jolie tourelle sans toit ni escalier, pleine de plantes fleuries qui se penchent pour me regarder. — J'entends rire les laveuses du Rhin. Je redescends dans une salle basse. — Rien. Traces de fouilles dans le pavé. Quelque trésor enfoui par les gnomes que les paysans auront cherché. — Autre salle basse. — Trou carré au centre donnant dans un caveau. Ces deux noms sur le mur : *Phœdowius*, *Kutorga*. J'écris le mien à côté avec un morceau de basalte pointu. —Autre caveau. — Rien. — D'ici je revois le gouffre. — Il est inaccessible. Un rayon de soleil y pénètre. — Ce souterrain est au bas du grand donjon carré qui occupait l'angle opposé à la tour ronde. Ce devait être la prison du burg. — Grand compartiment faisant face au Rhin. — Trois cheminées, dont une à colonnettes, pendent arrachées à diverses hauteurs. Trois étages défoncés sous mes pieds. Au fond, deux arches voûtées. A l'une, des branches mortes ; à l'autre, deux jolis rameaux de lierre qui se balancent gracieusement. J'y vais. Voûtes construites sur la basalte même du mont qui reparaît à vif. Traces de fumée. Dans l'autre grand compartiment où je suis entré tout d'abord et qui a dû être la cour, près de la tour ronde, plâtrage blanc sur le mur avec un reste de peinture et ces

deux chiffres tracés en rouge : 23 — 18 — (sic)

— Je fais le tour extérieur du château par le fossé. — Escalade assez pénible. — L'herbe glisse. — Il faut ramper de broussaille en broussaille au-dessus d'un précipice assez profond. Toujours pas d'entrée ni de trace de porte murée au bas de la grande tour. Reste de peintures sur les mâchicoulis. Le vent tourne les feuillets de mon livre et me gêne pour écrire. — Je vais rentrer dans la ruine. — J'y suis. — J'écris sur une petite console de velours vert que me prête le vieux mur.

J'ai oublié de vous dire que cette énorme ruine s'appelle *la Souris* (die Mause). Voici pourquoi.

Au douzième siècle, il n'y avait là qu'un petit burg toujours guetté et fort souvent molesté par un gros château fort situé une demi-lieue plus loin qu'on appelait *le Chat* (die Katz), par abréviation du nom de son seigneur, Katzenellenbogen. Kuno de Falkenstein, à qui le chétif burg de Velmich échut en héritage, le fit raser, et construisit à la même place un château beaucoup plus grand que le château voisin, en déclarant que *désormais ce serait la Souris qui mangerait le Chat.*

Il avait raison. *Die Mause*, en effet, quoique tombée aujourd'hui, est encore une sinistre et redoutable commère sortie jadis armée et vivante, avec ses hanches de lave et de basalte, des entrailles mêmes de ce volcan éteint qui la porte, ce semble, avec orgueil. Je ne pense pas que

personne ait jamais été tenté de railler cette montagne
qui a enfanté cette souris.

Je suis resté dans la masure jusqu'au coucher du soleil, qui est aussi une heure de spectres et de fantômes.
Ami, il me semblait que j'étais redevenu un joyeux écolier; j'errais et je grimpais partout, je dérangeais les
grosses pierres, je mangeais des mûres sauvages, je tâchais d'irriter, pour les faire sortir de leur ombre, les habitants surnaturels; et, comme j'écrasais des épaisseurs
d'herbes en marchant au hasard, je sentais monter vaguement jusqu'à moi cette odeur âcre des plantes des ruines
que j'ai tant aimée dans mon enfance.

Après tout, il est certain qu'avec sa mauvaise renommée de puits plein d'âmes et de squelettes cette impéné-
trable tour sans portes ni fenêtres est d'un aspect lugubre
et singulier.

Cependant le soleil était descendu derrière la montagne
et j'allais faire comme lui, quand quelque chose d'étrange
a tout à coup remué près de moi. Je me suis penché. Un
grand lézard d'une forme extraordinaire, d'environ neuf
pouces de long, à gros ventre, à queue courte, à tête plate
et triangulaire comme une vipère, noir comme l'encre et
traversé de la tête à la queue par deux raies d'un jaune
d'or, posait ses quatre pattes noires à coudes saillants sur
les herbes humides et rampait lentement vers une crevasse
basse du vieux mur. C'était l'habitant mystérieux et solitaire de cette ruine, la bête-génie, l'animal à la fois réel et
fabuleux, — une salamandre, — qui me regardait avec
douceur en rentrant dans son trou.

LETTRE XVI

A TRAVERS CHAMPS.

Il arrive au voyageur des choses effrayantes et surnaturelles. — Grimace que fait le géant. — Où l'on voit que les âmes ne dédaignent pas le bon vin. — Férocité des lois de Nassau. — Le voyageur ne sait plus où il est. — Il s'assied n'importe où, avec une montagne sur la tête et un nuage sous les pieds. — Il voit la grande chauve-souris invisible. — Quatre lignes que ne comprendront pas ceux qui ne connaissent point Albert Durer. — Un trou se fait sous ses pieds. — Ce qu'il y voit.

Saint-Goar, août.

Je ne pouvais m'arracher de cette ruine. Plusieurs fois j'ai commencé à descendre, puis je suis remonté.

La nature, comme une mère souriante, se prête à tous nos rêves et à tous nos caprices. Comme j'allais enfin décidément quitter la Souris, l'idée m'est venue, et j'avoue que je l'ai exécutée, d'appliquer mon oreille contre le soubassement de la grosse tour afin de pouvoir me dire consciencieusement à moi-même que si je n'y étais pas entré j'avais du moins écouté au mur. J'espérais un bruit quelconque, sans me flatter pourtant que la cloche de Winfried daignât se réveiller pour moi. En ce moment-là, ô prodige! j'ai entendu, mais entendu de mes propres oreilles, ce qui s'appelle entendu, un vague frémissement métallique, le son faible et à peine distinct d'une cloche, qui montait jusqu'à moi à travers le crépuscule et semblait en effet sortir de dessous la tour. Je confesse qu'à ce bruit si étrange les vers d'Hamlet à Horatio ont subitement reparu dans ma mémoire, comme s'ils y étaient écrits en caractères lumineux; j'ai même cru un moment qu'ils éclairaient mon esprit. Mais je suis bien vite retombé dans le monde réel. — C'était l'angelus de quelque village perdu au loin dans les plis des vallées que le vent m'apportait complaisamment. — N'importe. Il ne tient qu'à moi de croire et de dire que j'ai entendu tinter et palpiter sous la montagne la mystérieuse cloche d'argent de Velmich.

Comme je sortais du fossé septentrional, qui s'est changé en un ravin très-épineux, le mont voisin, le tombeau du géant, s'est brusquement présenté à moi. Du point où j'étais, le rocher dessine à la base de la montagne, tout près du Rhin, le profil colossal d'une tête renversée en arrière, la bouche béante. On dirait que le géant qui, selon les légendes, gît là sur le ventre étouffé sous le poids du mont, était parvenu à soulever un peu l'effroyable masse et que déjà sa tête sortait d'entre les rochers, mais qu'à ce moment-là quelque Apollon ou quelque saint Michel a mis le pied sur la montagne, de sorte que le monstre écrasé a expiré dans cette posture en poussant un grand cri. Le cri s'est perdu dans les ténèbres de quarante siècles, la bouche est demeurée ouverte.

Du reste, je dois déclarer que ni le géant, ni la cloche d'argent, ni le spectre de Falkenstein, n'empêchent les vignes et les échalas de monter de terrasse en terrasse fort près de la Souris. Tant pis pour les fantômes qui se logent dans les pays vignobles! on leur fera du vin à leur porte, et les vrilles de la vigne s'accrocheront gaiement à leur masure. A moins pourtant que ce coteau de Velmich ne soit cultivé par les esprits eux-mêmes, et qu'il ne faille appliquer à ces fantastiques vignerons cette phrase que je lisais hier dans je ne sais quel guide tudesque des bords du Rhin : « Derrière la montagne de Johannisberg se trouve le village du même nom *avec près de sept cents âmes qui récoltent un très-bon vin.* »

Il faut d'ailleurs que le passant même le plus altéré se garde de toucher à ce raisin, ensorcelé ou non. A Velmich, on est dans le duché de M. de Nassau, et les lois de Nassau sont féroces à l'endroit des délits champêtres. Tout délinquant saisi est tenu d'acquitter une amende égale à la somme des dommages causés par tous les délits antérieurs dont les coupables ont échappé. Dernièrement un touriste anglais a cueilli et mangé dans un champ une prune qu'il a payée cinquante florins.

Je voulais aller chercher gîte à Saint-Goar, qui est sur la rive gauche, à une demi-lieue plus haut que Velmich. Un batelier du village m'a fait passer le Rhin et m'a déposé poliment chez le roi de Prusse, car la rive gauche est au roi de Prusse. Puis, en me quittant, ce brave homme m'a donné dans une langue composite, moitié en allemand, moitié en gaulois, des renseignements sur mon chemin que j'ai sans doute mal compris; car, au lieu de suivre la route qui côtoie le fleuve, j'ai pris par la montagne, croyant abréger, et je me suis quelque peu égaré.

Cependant, comme je traversais, broyant le chaume fraîchement coupé, de hautes plaines rousses où les grands vents se déploient le soir, un ravin s'est tout à coup présenté à ma gauche. J'y suis entré, et après quelques instants d'une descente très-âpre le long d'un sentier qui semble par moments un escalier fait avec de larges ardoises, je revoyais le Rhin.

17.

Je me suis assis là ; j'étais las.

Le jour n'avait pas encore complétement disparu. Il faisait nuit noire pour le ravin où j'étais et pour les vallées de la rive gauche adossées à de grosses collines d'ébène ; mais une inexprimable lueur rose, reflet du couchant de pourpre, flottait sur les montagnes de l'autre côté du Rhin et sur les vagues silhouettes de ruines qui m'apparaissaient de toutes parts. Sous mes yeux, dans un abime, le Rhin, dont le murmure arrivait jusqu'à moi, se dérobait sous une large brume blanchâtre d'où sortait à mes pieds même la haute aiguille d'un clocher gothique à demi submergé dans le brouillard. Il y avait sans doute là une ville, cachée par cette nappe de vapeurs. Je voyais à ma droite, à quelques toises plus bas que moi, le plafond couvert d'herbe d'une grosse tour grise démantelée et se tenant encore fièrement sur la pente de la montagne, sans créneaux, sans mâchicoulis et sans escaliers. Sur ce plafond, dans un pan de mur resté debout, il y avait une porte toute grande ouverte, car elle n'avait plus de battants, et sous laquelle aucun pied humain ne pouvait plus marcher. J'entendais au-dessus de ma tête cheminer et parler dans la montagne des passants inconnus dont je voyais les ombres remuer dans les ténèbres, — La lueur rose s'était évanouie.

Je suis resté longtemps assis là sur une pierre, me reposant en songeant, regardant en silence passer cette heure sombre où le crêpe des fumées et des vapeurs efface lentement le paysage, et où le contour des objets prend une forme fantasque et lugubre. Quelques étoiles rattachaient et semblaient clouer au zénith le suaire noir de la nuit étendu sur une moitié du ciel et le blanc linceul du crépuscule déployé sinistrement sur l'autre.

Peu à peu le bruit de pas et de voix a cessé dans le ravin, le vent est tombé, et avec lui s'est éteint ce doux frémissement de l'herbe qui soutient la conversation avec le passant fatigué et lui tient compagnie. Aucun bruit ne venait de la ville invisible ; le Rhin lui-même semblait s'être assoupi ; une nuée livide et blafarde avait envahi l'immense espace du couchant au levant ; les étoiles s'étaient voilées l'une après l'autre, et je n'avais plus au-dessus de moi qu'un de ces ciels de plomb où plane, visible pour le poëte, cette grande chauve-souris qui porte écrit dans son ventre ouvert *melancholia*.

Tout à coup une brise a soufflé, la brume s'est déchirée, l'église s'est dégagée, un sombre bloc de maisons, piqué de mille vitres allumées, est apparu au fond du précipice par le trou qui s'est fait dans le brouillard. C'était Saint-Goar.

LETTRE XVII

SAINT-GOAR.

Gasthaus zur Lilie. — Où il faut se placer pour voir les soldats de M. de Nassau. — Hymne aux marmots teutons. — Il faut que M. de Nassau ait bien besoin de quatre florins. — *Die Katz.* — Bôhdan Chimelnicki. — Trois pages sur le chat. Un mot sur le chien. — L'auteur cherche à faire du tort à un écho.— Lurley. — Où le lecteur apprend ce que c'était qu'une galère de Malte. — Chose que les habitants dédaignent et que doivent rechercher les voyageurs. — La Vallée-Suisse. — Figures de Rome, de la Grèce et de l'Inde qui apparaissent à l'auteur dans ce pays des barbares. — Le Reichenberg.—Histoire de la petite fée grosse comme une sauterelle et du géant qui croit avoir sur son dos un nid de diables. — Pourquoi on est forcé d'apporter son rasoir à Bacharach. — Le Rheinfels. — Ici l'auteur explique pour qui les bombes et les boulets ont des façons polies et courtoises. — Considérations philosophiques sur le mille prussien, l'heure de marche turque et la legua d'Espagne. — Oberwesel. — Les sept filles changées en rochers. — Le voyageur rencontre et décrit en entomologiste profond la plus grande des araignées d'eau.—Souper allemand compliqué d'un hussard français.

Saint-Goar, août.

On peut passer à Saint-Goar une semaine fort bien employée. Il faut avoir soin de prendre des croisées sur le

Rhin dans le très-confortable gasthaus sur Lilie. Là on
est entre le Chat et la Souris. A sa gauche, on a la Souris à demi voilée au fond de l'horizon par les brumes du
Rhin; à sa droite et devant soi, le Chat, robuste donjon
enveloppé de tourelles, lequel, au haut de sa colline, occupe le sommet d'un triangle dont le pittoresque village
de Saint-Goarshausen, qui en fait la base au bord du Rhin,
marque les deux angles avec ses deux vieilles tours, l'une
carrée, l'autre ronde. — Les deux châteaux ennemis se
guettent et semblent se jeter des coups d'œil foudroyants
à travers le paysage; car, lorsqu'un donjon est en ruine,
sa fenêtre défoncée regarde encore, mais avec ce regard
hideux d'un œil crevé.

En face, sur la rive droite, et comme prêt à mettre le
holà entre les deux adversaires, veille le spectre colossal
du château-palais des landgraves de Hesse, le Rheinfels.

A Saint-Goar le Rhin n'est plus un fleuve; c'est un lac,
un vrai lac du Jura fermé de toutes parts, avec son en-
caissement sombre, son miroitement profond et ses bruits
immenses.

Si l'on reste chez soi, on a toute la journée le spectacle
du Rhin, les radeaux, les longs bateaux à voiles, les petites barques-flèches et les huit ou dix omnibus à vapeur
qui vont et viennent, montent et descendent, et passent
à chaque instant avec le clapotement d'un gros chien qui
nage, fumants et pavoisés. Au loin, sur la rive opposée,
sous de beaux noyers qui ombragent une pelouse, on voit
manœuvrer les soldats de M. de Nassau en veste verte et
en pantalon blanc, et l'on entend le tambour tapageur
d'un petit duc souverain. Tout près, sous sa croisée, on
regarde passer les femmes de Saint-Goar avec leur bonnet
bleu de ciel pareil à une tiare qui aurait été modifiée par
un coup de poing, et l'on entend rire et jaser un tas de
petits enfants qui viennet jouer avec le Rhin. Pourquoi

pas? Ceux de Tréport et d'Etretat jouent bien avec l'Océan. Au reste, les enfants du Rhin sont charmants. Aucun d'eux n'a cette mine rogue et sévère des marmots anglais, par exemple. Les marmots allemands ont l'air indulgent comme de vieux curés.

Si l'on sort, on peut passer le Rhin pour six sous, prix d'un omnibus parisien, et l'on monte au Chat. C'est dans ce manoir des barons de Katzenellenbegen que s'est accomplie en 1471 la lugubre aventure du chapelain Jean de Barnich. Aujourd'hui *die Katz* est une belle ruine dont l'usufruit est loué par le duc de Nassau à un major prussien quatre ou cinq florins par an. Trois ou quatre visiteurs payent la rente. J'ai feuilleté le livre où s'inscrivent les étrangers ; et sur trente pages, — un an environ, — je n'ai pas vu un seul nom français. Force noms allemands, quelques noms anglais, deux ou trois noms italiens, voilà tout le registre. Du reste, l'intérieur du Chat est complétement démantelé. La salle basse de la tour où le chapelain prépara le poison pour la comtesse sert aujourd'hui de cellier. Quelques vignes maigres se tortillent autour de leurs échalas sur l'emplacement même où était la salle des portraits. Dans un petit cabinet, le seul qui ait porte et fenêtre, on a cloué au mur une gravure qui représente Bôhdan Chmielnicki et au bas de laquelle on lit : *Belli servilis autor* (sic) *rebelliumque Cosaccorum et plebis Ukraynen.* Le formidable chef zaporavien, affublé d'un costume qui tient le milieu entre le moscovite et le turc, semble regarder de travers, par la faute du graveur peut-être, deux ou trois portraits de princes actuellement régnants rangés autour de lui.

Du haut du Chat, l'œil plonge sur le fameux gouffre du Rhin appelé *la Bank*. Entre la Bank et la tour carrée de Saint-Goarshausen il n'y a qu'un passage étroit. D'un côté le gouffre, de l'autre l'écueil. On trouve tout sur le Rhin, même Charybde et Scylla. Pour franchir ce détroit très-redouté, les bateaux s'attachent au côté gauche par une assez longue corde un tronc d'arbre appelé le *chien* (hund), et, au moment où ils passent entre la Bank et la tour, ils jettent le tronc d'arbre à la Bank. La Bank saisit le tronc d'arbre avec rage et l'attire à elle. De cette façon elle maintient le radeau à distance de la tour. Quand le danger est passé, on coupe la corde, et le gouffre mange le chien. C'est le gâteau de ce Cerbère.

Lorsqu'on est sur la plate-forme du Chat, on demande à son cicerone : *Où est donc la Bank?* Il vous montre à vos pieds un petit pli dans le Rhin. Ce pli, c'est le gouffre.

Il ne faut pas juger des gouffres sur l'apparence.

Un peu plus loin que la Bank, dans un tournant des plus sauvages, s'enfonce et se précipite à pic dans le Rhin, avec ses mille assises de granit qui lui donnent l'aspect d'un escalier écroulé, le fabuleux rocher de Lurley. Il y a là un écho célèbre qui répète, dit-on, sept fois tout ce qu'on lui dit ou tout ce qu'on lui chante.

Si je ne craignais pas d'avoir l'air d'un homme qui cherche à nuire à la réputation des échos, j'avouerais que pour moi l'écho n'a jamais été au delà de cinq répétitions. Il est probable que l'oréade de Lurley, jadis courtisée par tant de princes et de comtes mythologiques, commence à s'enrouer et à s'ennuyer. Cette pauvre nymphe n'a plus aujourd'hui qu'un seul adorateur, lequel s'est creusé vis-à-vis d'elle, sur l'autre bord du Rhin, deux petites chambres dans les rochers et passe sa journée à lui jouer du cor de chasse et à lui tirer des coups de fusil. Cet homme, qui fait travailler l'écho et qui en vit, est un vieux et brave hussard français.

Du reste, pour un promeneur qui ne s'y attend pas, l'effet de l'écho de Lurley est extraordinaire. Un batelet

qui traverse le Rhin à cet endroit-là avec ses deux petits
avirons y fait un bruit formidable. En fermant les yeux,
on croirait entendre passer une galère de Malte avec ses
cinquante grosses rames remuées chacune par quatre for-
çats enchaînés.

En descendant du Chat, avant de quitter Saint-Goarshausen, il faut aller voir, dans une vieille rue parallèle
au Rhin, une charmante maison de la renaissance allemande, fort dédaignée de ses habitants, bien entendu.
Puis on tourne à droite, on passe un pont de torrent, et
l'on s'enfonce, au bruit des moulins à eau, dans la « Vallée-Suisse, » superbe ravin presque alpestre formé par la
haute colline de Petersberg et par l'une des arrière-crou-
pes du Lurley.

C'est une délicieuse promenade que la Vallée-Suisse. On
va, on vient, on visite les villages d'en haut, on plonge
dans d'étroites gorges tellement sombres et désertes, que
j'ai vu dans l'une d'elles la terre fraîchement remuée et
le gazon bouleversé par la hure d'un sanglier. Ou bien on
suit le bas de la ravine, entre des rochers qui ressemblent
à des murs cyclopéens, sous les saules et les aunes. Là,
seul, englouti profondément dans un abîme de feuilles et
de fleurs, on peut errer et rêver toute la journée et écouter, comme un ami admis en tiers dans le tête-à-tête, la
causerie mystérieuse du torrent et du sentier. Puis, si l'on
se rapproche des routes à ornières, des fermes et des moulins, tout ce qu'on rencontre semble arrangé et groupé
d'avance pour meubler le coin d'un paysage du Poussin.
C'est un berger demi-nu seul avec son troupeau dans un
champ de couleur fauve, et soufflant des mélodies bizarres
dans une espèce de lituus antique. C'est un chariot traîné
par des bœufs, comme j'en voyais dans les vignettes du
Virgile Herhan que j'expliquais dans mon enfance. Entre
le joug et le front des bœufs il y a un petit coussinet de

cuir brodé de fleurs rouges et d'arabesques éclatantes. Ce
sont de jeunes filles qui passent pieds nus, coiffées comme
des statues du bas-empire. J'en ai vu une qui était charmante. Elle était assise près d'un four à sécher les fruits
qui fumait doucement; elle levait vers le ciel ses grands
yeux bleus et tristes, découpés comme deux amandes sur
son visage bruni par le soleil; son cou était chargé de
verroteries et de colliers artistement disposés pour cacher
un goître naissant. Avec cette difformité mêlée à cette
beauté, on eût dit une idole de l'Inde accroupie près de
son autel.

Tout à coup on traverse une prairie, les lèvres du ravin
s'écartent, et l'on voit surgir brusquement au sommet
d'une colline boisée une admirable ruine. Ce schloss,
c'est le Reichenberg. C'est là que vivait, pendant les
guerres du droit manuel du moyen âge, un des plus re-
doutables entre ces chevaliers bandits qui se surnom-
maient eux-mêmes *fléaux du pays* (landschaden). La ville
voisine avait beau se lamenter, l'empereur avait beau citer le brigand blasonné à la diète de l'empire, l'homme
de fer s'enfermait dans sa maison de granit, continuait
hardiment son orgie de toute-puissance et de rapine, et
vivait, excommunié par l'Eglise, condamné par la diète,
traqué par l'empereur, jusqu'à ce que sa barbe blanche lui
descendît sur le ventre. Je suis entré dans le Reichenberg.
Il n'y a plus rien, dans cette caverne de voleurs homéri-
ques, que des scabieuses sauvages, l'ombre déchirée des
fenêtres errant sur les décombres, deux ou trois vaches
qui paissent l'herbe des ruines, un reste d'armoiries mu-
tilées par le marteau au-dessus de la grande porte, et çà
et là, sous les pieds du voyageur, des pierres écartées par
le passage des reptiles.

J'ai aussi visité, derrière la colline du Reichenberg,
quelques masures, aujourd'hui à peine visibles, d'un vil-

lage disparu qui s'appelle le *village des Barbiers*. Voici ce
que c'était que le village des barbiers :

Le diable, qui en voulait à Frédéric Barberousse à
cause de ses nombreuses croisades, eut un jour l'idée de
lui couper la barbe. C'était là une vraie niche magistrale,
fort convenable de diable à empereur. Il arrangea donc
avec une Dalila locale je ne sais quelle trahison invrai-
semblable au moyen de laquelle l'empereur Barberousse,
passant à Bacharach, devait être endormi, puis rasé par
un des nombreux barbiers de la ville. Or, Barberousse,
n'étant encore que duc de Souabe, avait obligé, du temps
de ses amours avec la belle Gela, une vieille fée de la
Wisper qui résolut de contrecarrer le diable. La petite
fée, grosse comme une sauterelle, alla trouver un géant
très-bête de ses amis, et le pria de lui prêter son sac. Le
géant y consentit et s'offrit même gracieusement à accom-
pagner la fée, ce qu'elle accepta. La petite fée se grandit
probablement un peu, puis alla à Bacharach dans la nuit
même qui devait précéder le passage de Barberousse, prit
un à un tous les barbiers de la ville pendant qu'ils dor-
maient profondément, et les mit dans le sac du géant.
Après quoi elle dit au géant de charger ce sac sur ses
épaules et de l'emporter bien loin, n'importe où. Le
géant, qui, à cause de la nuit et de sa bêtise, n'avait rien
vu de ce qu'avait fait la vieille, lui obéit et s'en alla à
grandes enjambées par le pays endormi avec le sac sur
son dos. Cependant les barbiers de Bacharach, cognés
pêle-mêle les uns contre les autres, commencèrent à se
réveiller et à grouiller dans le sac. Le géant de s'effrayer
et de doubler le pas. Comme il passait par-dessus le Reichenberg et qu'il levait un peu la jambe à cause de la
grande tour, un des barbiers, qui avait son rasoir dans
sa poche, l'en tira et fit au sac un large trou par lequel
tous les barbiers tombèrent, un peu gâtés et meurtris,

dans les broussailles en poussant d'effroyables cris. Le géant crut avoir sur son dos un nid de diables et se sauva à toutes jambes. Le lendemain, quand l'empereur passa à Bacharach, il n'y avait plus un barbier dans le pays; et, comme Belzébuth y arrivait de son côté, un corbeau railleur perché sur la porte de la ville dit au sire diable : «Mon ami, tu as au milieu du visage une chose très-grosse que tu ne pourrais voir dans la meilleure glace, c'est-à-dire un pied de nez. » Depuis cette époque, il n'y a plus de barbiers à Bacharach. Le fait certain, c'est qu'aujourd'hui même il est impossible d'y trouver un frater tenant boutique. Quant aux barbiers escamotés par la fée, ils s'établirent à l'endroit même où ils étaient tombés, et y bâtirent un village qu'on nomma le *village des Barbiers*. C'est ainsi que l'empereur Frédéric Iᵉʳ, dit Barberousse, conserva sa barbe et son surnom.

Outre la Souris et le Chat, le Lurley, la Vallée-Suisse et le Reichenberg, il y a encore près de Saint-Goar le Rheinfels, dont je vous ai dit un mot tout à l'heure.

Toute une montagne évidée à l'intérieur avec des crêtes de ruines sur sa tête; deux ou trois étages d'appartements et de corridors souterrains qui paraissent avoir été creusés par des taupes colossales; d'immenses décombres, des salles démesurées dont l'ogive a cinquante pieds d'ouverture; sept cachots avec leurs oubliettes pleines d'une eau croupie qui résonne, plate et morte, au choc d'une pierre; le bruit des moulins à eau dans la petite vallée derrière le château, et par les crevasses de la façade le Rhin avec quelque bateau à vapeur qui, vu de cette hauteur, semble un gros poisson vert aux yeux jaunes cheminant à fleur d'eau et dressé à porter sur son dos des hommes et des voitures; un palais féodal des landgraves de Hesse changé en énorme masure; des embrasures de canons et de catapultes, qui ressemblent à ces loges de bêtes fauves des

vieux cirques romains, où l'herbe pousse ; par endroits, à
demi engagée dans l'antique mur éventré, une vis de
Saint-Gilles ruinée et comblée, dont l'hélice fruste a l'air
d'un monstrueux coquillage antédiluvien ; les ardoises et
les basaltes non taillées qui donnent aux archivoltes des
profils de scies et de mâchoires ouvertes ; de grosses douves ventrues tombées tout d'une pièce, ou, pour mieux
dire, couchées sur le flanc comme si elles étaient fati-
guées de se tenir debout ; voilà le Rheinfels. On voit cela
pour deux sous.

Il semble que la terre ait tremblé sous cette ruine. Ce
n'est pas un tremblement de terre, c'est Napoléon qui y
a passé. En 1807 l'empereur a fait sauter le Rheinfels.

Chose étrange ! tout a croulé, excepté les quatre murs
de la chapelle. On ne traverse pas sans une certaine émotion mélancolique ce lieu de paix préservé seul au milieu
de cette effrayante citadelle bouleversée. Dans les embrasures des fenêtres on lit ces graves inscriptions, deux par
chaque fenêtre : —Sanctus Franciscus de Paula vixit
1500. Sanctus Franciscus vixit 1526. — Sanctus Domi-
nicus vixit... (effacé). Sanctus Albertus vixit 1292. —
Sanctus Norbertus, 1150. Sanctus Bernardus, 1139. —
Sanctus Bruno, 1115. Sanctus Benedictus, 1140. — Il y
a encore un nom effacé ; puis, après avoir ainsi remonté
les siècles chrétiens d'auréole en auréole, on arrive à ces
trois lignes majestueuses : — Sanctus Basilius magnus,
episc. Cæsareæ Cappadoci, magister monachorum orien-
talium, vixit anno 372. — A côté de Basile le Grand, sous
la porte même de la chapelle, sont inscrits ces deux
noms : Sanctus Antonius magnus. Sanctus Paulus ere-
mita... — Voilà tout ce que la bombe et la mine ont respecté.

Ce château formidable, qui s'est écroulé sous Napoléon,
avait tremblé devant Louis XIV. L'ancienne *Gazette de*

France, qui s'imprimait au bureau de l'Adresse, dans les entresols du Louvre, annonce, à la date du 23 janvier 1693, que « le landgrave de Hesse-Cassel prend possession de la ville de Saint-Goar et du Rheinfels à lui cédés par le landgrave Frédéric de Hesse, résolu d'aller finir ses jours à Cologne. » Dans son numéro suivant, à la date du 5 février, elle fait savoir que « cinq cents paysans travaillent avec les soldats aux fortifications du Rheinfels. » Quinze jours après, elle proclame que « le comte de Thingen fait tendre des chaînes et construire des redoutes sur le Rhin. » Pourquoi ce landgrave qui s'enfuit? Pourquoi ces cinq cents paysans qui travaillent mêlés aux soldats? Pourquoi ces redoutes et ces chaines tendues en hâte sur le Rhin? C'est que Louis le Grand a froncé le sourcil. La guerre d'Allemagne va recommencer.

Aujourd'hui le Rheinfels, à la porte duquel est encore incrustée dans le mur la couronne ducale des landgraves, sculptée en grès rouge, est la dépendance d'une métairie. Quelques plants de vigne y végètent, et deux ou trois chèvres y broutent. Le soir, toute la ruine, découpée sur le ciel avec ses fenêtres à jour, est d'une masse magnifique.

En remontant le Rhin à un mille de Saint-Goar (le mille prussien, comme la *legua* espagnole, comme l'heure de marche turque, vaut deux lieues de France), on aperçoit tout à coup, à l'écartement de deux montagnes, une belle ville féodale répandue à mi-côte jusqu'au bord du Rhin, avec d'anciennes rues comme nous n'en voyons à Paris que dans les décors de l'Opéra, quatorze tours crénelées plus ou moins drapées de lierre, et deux grandes églises de la plus pure époque gothique. C'est Oberwesel, une des villes du Rhin qui ont le plus guerroyé. Les vieilles murailles d'Oberwesel sont criblées de coups de canon et de trous de balles. On peut y déchiffrer, comme sur un palimpseste, les gros boulets de fer des archevêques de Trè-

18.

ves, les biscaïens de Louis XIV et notre mitraille révolu-
tionnaire. Aujourd'hui Oberwesel n'est plus qu'un vieux
soldat qui s'est fait vigneron. Son vin rouge est excellent.

Comme presque toutes les villes du Rhin, Oberwesel a
sur sa montagne son château en ruines, le Schœnberg,
un des décombres les plus admirablement écroulés qui
soient en Europe. C'est dans le Schœnberg qu'habitaient,
au dixième siècle, ces sept rieuses et cruelles *demoiselles*
qu'on peut voir aujourd'hui, par les brèches de leur château, changées en sept rochers au milieu du fleuve.

L'excursion de Saint-Goar à Oberwesel est pleine d'at-
trait. La route côtoie le Rhin, qui là se rétrécit subitement et s'étrangle entre de hautes collines. Aucune maison, presque aucun passant. Le lieu est désert, muet et
sauvage. De grands bancs d'ardoise à demi rongés sortent
du fleuve et couvrent la rive comme des tas d'écailles gigantesques. De temps en temps on entrevoit, à demi cachée sous les épines et les osiers et comme embusquée au
bord du Rhin, une espèce d'immense araignée formée par
deux longues perches souples et courbes, croisées transversalement, réunies à leur milieu et à leur point culmi-
nant par un gros nœud rattaché à un levier, et plongeant
leurs quatre pointes dans l'eau. C'est une araignée en
effet.

Par instants, dans cette solitude et dans ce silence, le
levier mystérieux s'ébranle, et l'on voit la hideuse bête se
soulever lentement tenant entre ses pattes sa toile, au milieu de laquelle saute et se tord un beau saumon d'argent.

Le soir, après avoir fait une de ces magnifiques courses
qui ouvrent jusque dans leurs derniers cœcums les caver-
nes profondes de l'estomac, on rentre à Saint-Goar, et l'on
trouve au bout d'une longue table, ornée de distance en
distance de fumeurs silencieux, un de ces excellents et

honnêtes soupers allemands où les perdreaux sont plus
gros que les poulets. Là, on se répare à merveille, surtout
si l'on sait se plier comme le voyageur Ulysse aux mœurs
des nations, et si l'on a le bon esprit de ne pas prendre
en scandale certaines rencontres bizarres qui ont lieu
quelquefois dans le même plat, par exemple, d'un canard
rôti avec une marmelade de pommes, ou d'une hure de
sanglier avec un pot de confitures. Vers la fin du souper,
une fanfare mêlée de mousquetade éclate tout à coup au
dehors. On se met en hâte à la fenêtre. C'est le hussard
français qui fait travailler l'écho de Saint-Goar. L'écho de
Saint-Goar n'est pas moins merveilleux que l'écho de Lurley. La chose est admirable en effet. Chaque coup de pis-
tolet devient coup de canon dans cette montagne. Chaque
dentelle de la fanfare se répète avec une netteté prodigieuse dans la profondeur ténébreuse des vallées. Ce sont
des symphonies délicates, exquises, voilées, affaiblies, lé-
gèrement ironiques, qui semblent se moquer de vous en
vous caressant. Comme il est impossible de croire que
cette grosse montagne lourde et noire ait tant d'esprit, au
bout de très-peu d'instants on est dupe de l'illusion, et le
penseur le plus positif est prêt à jurer qu'il y a là-bas,
dans ces ombres, sous quelque bocage fantastique, un être
surnaturel et solitaire, une fée quelconque, une Titania
qui s'amuse à parodier délicieusement les musiques humaines et à jeter la moitié d'une montagne par terre chaque fois qu'elle entend un coup de fusil. C'est tout à la
fois effrayant et charmant. L'effet serait bien plus profond
encore si l'on pouvait oublier un moment qu'on est à la
croisée d'une auberge et que cette sensation extraordinaire vous est servie comme un plat de plus dans le des-
sert. Mais tout se passe le plus naturellement du monde ;
l'opération terminée, un valet d'auberge, tenant à la main
une assiette d'étain qu'il présente aux offrandes, fait le

tour de la salle pour le hussard, qui se tient dans un coin par dignité, et tout est terminé. Chacun se retire après avoir payé son écho.

TABLE.

———

———

Ch. Lahure, imprimeur du Sénat et de la Cour de Cassation,
rue de Vaugirard, 9, près de l'Odéon.

TYPOGRAPHIE DE CH. LAHURE
Imprimeur du Sénat et de la Cour de Cassation
rue de Vaugirard, 9

www.ingramcontent.com/pod-product-compliance
Lightning Source LLC
Chambersburg PA
CBHW070606100426
42744CB00006B/418